U0580634

四方华文◎编著

# 新农村党课
## 实用手册

XINNONGCUN DANGKE
SHIYONG SHOUCE

人民出版社

责任编辑:詹素娟

封面设计:肖　辉

**图书在版编目(CIP)数据**

新农村党课实用手册/四方华文 编著.
　-北京:人民出版社,2011.8
(新农村实用手册系列)
ISBN 978－7－01－010304－4

Ⅰ.①新…　Ⅱ.①四…　Ⅲ.①中国共产党-党课-手册
　Ⅳ.①D261.42-62

中国版本图书馆 CIP 数据核字(2011)第 197457 号

**新农村党课实用手册**

XINNONGCUN DANGKE SHIYONGSHOUCE

四方华文 编著

人民出版社 出版发行

(100706　北京朝阳门内大街 166 号)

北京市文林印务有限公司印刷　新华书店经销

2011 年 8 月第 1 版　2011 年 8 月北京第 1 次印刷

开本:880 毫米×1230 毫米 1/32　印张:5

字数:180 千字

ISBN 978－7－01－010304－4　定价:16.00 元

邮购地址 100706　北京朝阳门内大街 166 号

人民东方图书销售中心　电话 (010)65250042　65289539

# 序　言

1957年,毛主席在苏联接见中国留学生时说:"世界是你们的,也是我们的,但是归根结底是你们的。你们青年人朝气蓬勃,正在兴旺时期,好像早晨八、九点钟的太阳。希望寄托在你们身上。"我们党的这个看法过去是这样,现在也没有改变。胡锦涛总书记在庆祝中国共产党成立90周年大会上的讲话中指出:"我们党的队伍里始终活跃着怀抱崇高理想、充满奋斗激情的青年人,这是我们党历经90年风雨而依然保持蓬勃生机的一个重要保证。"青年是社会中最富有活力的部分,是中国特色社会主义事业的希望。党和国家对青年人始终充满着殷切的希望。

但是现在,有不少年轻人,对于我们国家和民族过去饱经忧患的历史、争取独立和解放斗争的历史,不了解;对于我们的执政党中国共产党的性质、任务、承担的历史使命,对于党员的先锋模范作用,很陌生。这就给我们广大党员和党务工作者提出了一个任务,必须加强广大青年党的基础知识教育,加强党史教育,加强国情教育,加强爱国主义、社会主义教育,引导广大青年积极向党组织靠拢。因为,中国青年只有在中国共产党的领导下,同人民紧密结合,为祖国奉献青春,才能大有作为。

《新农村党课实用手册》是作者在建党90年之际为广大农村青年精心编著的,旨在帮助青年全面系统地学习和理解党章,使青年朋友对党的光辉历程、组织原则、党员标准、入党动机等有较全面清晰的认识,帮助青年树立正确的世界观、人生观和价值观,坚定共产主义理想信念,增强历史使命感和社会责任感,努力成长为有理想、有道德、有文化、有纪律的人,成长为对党和国家、对人民有所建树的人,成长为中国特色社会主义事业的合格建设者和可靠接班人,成长为新农村建设的先锋。

　　由于时间仓促,本手册仍存在许多的不足和缺漏。我们欢迎广大青年多提宝贵意见。同时,我们也相信,只要大家能够站在党和国家事业长远发展的战略高度,秉持一种相信和重视青年、关心和爱护青年的热情,我们一定可以完成好我们作为党员和党务工作者的历史使命。

**编　者**
2011 年6 月

# 目　　录

# 第1章

## 党的光辉历程

## 第一节　东方升起红日

1920 年夏至 1921 年春,随着马克思主义在中国的广泛传播,中国工人运动的蓬勃兴起,作为两者结合产物的中国共产党早期组织,在上海、北京、武汉、长沙、济南、广州以及赴日、旅欧留学生中相继成立,建党条件基本成熟,召开全国代表大会也在建党骨干中开始酝酿。

### 一、中国共产党的成立是中国革命发展的客观要求

对于中国来说,"既要革命,就要有一个革命的党。没有一个革命的党,没有一个按照马克思列宁主义的革命理论和革命风格建立起来的革命党,就不可能领导工人阶级和广大人民群众战胜帝国主义及其走狗"①。因此,中国先进分子在选择了马克思主义以后,选择一个马克思主义的政党,就成为历史的必然。

中国工人阶级政党诞生以前,中国国民党在中国革命中起着领导作用。

国民党的前身是 1905 年成立的中国同盟会。辛亥革命以后,同盟会内部发生了剧烈的分化。由于同盟会纲领的革命目标本来就不

---

① 《毛泽东选集》第 4 卷,人民出版社 1991 年版,第 1357 页。

高,反对满族统治者和建立共和国是它的成员之间团结和统一的主要基础。当清王朝被推翻,"民国"宣告成立,许多人就以为"革命成功"了。这样,原先的许多革命党人或高升,或退隐,或落荒而逃。它的领袖孙中山本人也一度认为,今日"民族、民权两主义俱达到,唯民生主义尚未着手",当前的急务在于发展实业,准备"十年不预政治",以在野之身,"于十年之中,筑二十万里之线"①。宋教仁被刺杀后,孙中山等奋起发动反袁的二次革命,但不久即遭到失败。他总结革命失败的原因,认为袁世凯窃国"非袁氏兵力之强,乃同党人心之涣散"②。

为恢复同盟革命精神,1914年孙中山在日本创立中华革命党,由于提不出能够广泛动员群众的纲领,参加者寥寥无几,它没有能够成为群众性的党,没有能够在中国的政治生活中发生重大影响。由于在斗争中无所作为,孙中山于1919年解散中华革命党,重新成立中国国民党。但这个党也没有能够对人民斗争发挥有力的引导作用。

蔡和森在《中国共产党史的发展(1926年)》一文中回顾五四时期的情况时说:五四运动时,整个说来,国民党是站在群众运动之外的。北京、上海的青年虽派代表找过国民党,它的领导人"竟以无力参加拒绝"。这个趋势很可以说明国民党已"不能领导革命了,客观的革命发展已超过它的主观力量了"。"一个革命的政党在革命的高潮中完全不能领导,可能它快要死亡了。故此次运动中一般新领袖对国民党均不满意。"③事实表明,成立新的政党来领导中国革命,成了近代中国社会发展和革命发展的客观要求。中国工人阶级的政党——中国共产党正是适应这种要求而成立的。

---

① 《孙中山全集》第2卷,中华书局1981年版,第318页。
② 《孙中山选集》,人民出版社1981年版,第110页。
③ 《中共中央报告选编》,中央党校出版社1980年版,第17—18页。

**二、中国共产党是马克思主义同中国工人运动相结合的产物**

马克思主义认为,工人阶级政党是工人运动和社会主义的结合。在中国成立工人阶级政党,需要具备一定的条件。在 1921 年,这些条件基本上具备了。

1. 中国工人阶级的成长壮大,为建党提供了阶级基础

没有工人阶级的成长壮大,工人阶级政党是建立不起来的。

大家知道,马克思主义是指导无产阶级的革命理论,因此,首先要有无产阶级的出现,而且还须是作为一个独立阶级的出现,这样,"理论才能找到物质承担者,也才能变成现实的力量"(恩格斯)。由于中国工人阶级队伍的壮大,他们为谋求自身的解放和斗争也进一步发展。在旧民主主义革命终结后,他们成了革命的主力,这时,他们需要一种不同于以往任何革命指导思想的、一种先进的思想。工人阶级在其斗争中,经过反复比较,最后选择了马克思主义。

辛亥革命后,中国工人运动出现了一些新的动向:工人罢工次数明显增加,且由单纯的经济斗争逐渐有了反帝反封建的政治要求;由分散、自发斗争逐渐转向有领导、有组织的斗争。中国工人阶级正处在由自在的阶级向自为的阶级的发展变化之中。

到 1914 年至 1918 年第一次世界大战期间,由于主要帝国主义国家忙于在欧洲战场上厮杀,暂时放松了对中国的经济侵略,中国的民族资本主义得到了比较迅速的发展,工人阶级力量也随之进一步成长起来。1919 年五四运动前夕,据一般估算,近代产业工人已经达到 200 万人。① 在五四运动中,工人阶级开始作为一支独立的政治力量登上历史舞台,成为推动这场斗争胜利发展的主力军。这说明,成立工人阶级政党的社会阶级基础,在这时已基本上具备了。

---

① 何沁:《中国革命史》,中央广播电视大学出版社 1993 年版,第 71—72 页。

2. 十月革命后马克思列宁主义在中国的传播,为建党提供了思想条件

工人阶级的成长和工人运动的发展,还只是使建立工人阶级政党具备了必要条件,而不是具备了充分条件。工人阶级有各种组织,如工会、合作社、妇女团体等,这类组织有许多在党成立之前就已经有了。党与这些工人群众组织的区别在于:它是工人阶级的先进的觉悟的阶层,是工人阶级的先锋队。它应当通晓社会发展和革命发展的规律,了解工人运动和人民斗争的条件、进程和结果,据此制定出正确的纲领、路线和策略,领导本阶级和人民群众去进行改造旧世界、创造新世界的胜利的战斗。而它所以能够做到这一点,关键在于它是以科学社会主义理论做指导的。

科学社会主义是工人阶级的理论体系,但它不可能从自发的工人运动中产生出来。党成立于俄国十月革命取得胜利、第二国际修正主义遭到破产之后。它所接受的,是没有被修正主义阉割的马克思主义完整的科学世界观和社会革命论,是在帝国主义和无产阶级革命时代发展了的马克思主义即列宁主义,是在斗争中同资产阶级、小资产阶级社会主义划清了界限的科学社会主义。这就是说,党的思想基础是好的。

另外,在准备建党过程中,中国早期马克思主义者积极翻译宣传马克思主义经典著作,并通过进行问题与主义之争、关于社会主义的论战、关于同无政府主义者的论战,扩大了马克思主义的阵地,为建党准备了良好的思想条件。

3. 五四运动促进了马克思主义与中国工人运动的结合,为建党做了思想和干部上的准备

五四运动是中国革命史上具有划时代意义的事件,它标志着中国新民主主义革命的伟大开端,表现了反帝反封建的彻底性,是一次真正的群众运动。

在五四运动中,英勇地出现于斗争前列的是青年群众,中国工人阶级则以自己特有的组织性纪律性和坚定的革命精神,成了运动后

期的主力军。这个事实,给予先进的知识分子以真切的教育。那些初步掌握了马克思主义的知识分子开始到工人中去进行宣传与组织工作,这说明中国的马克思主义思想运动一开始就是知识分子的自我改造运动。而先进知识分子与工人群众相结合的过程,也是马克思主义与中国工人运动相结合的过程。在这一过程中,先进的知识分子认识到工人阶级的可贵品质,进一步把自己的立足点转到工人阶级方面来,使工人阶级接受了马克思主义,工人群众中产生了一批有阶级觉悟的先进分子。所以说,五四运动促进了马克思主义在中国的传播及其与中国工人运动的结合,为中国共产党的成立作了思想和干部上的准备。

### 三、中国共产党的成立

五四运动以后,随着中国工人运动的迅速发展,马克思列宁主义的广泛传播,以及中国革命的迫切要求,在中国建立无产阶级政党——中国共产党的任务就提到了议事日程。

1920年初,李大钊、陈独秀在北京开始讨论成立中国共产党的问题,不久,陈独秀迁居上海,行前,他和李大钊相约分别在南方和北方进行建党的准备工作,这就是后来说的"南陈北李,相约建党"。4月份,经共产国际批准派出的维经斯基(又名吴廷康)来到中国,首先在北京与李大钊建立了联系,并在北京知识界中举行了演讲会和座谈会,介绍十月革命和了解中国的情况。维经斯基又经李大钊介绍,到上海与陈独秀等人会见,交换了关于中国革命问题的意见,研究了发起成立中国共产党的问题。

陈独秀在维经斯基的帮助下,积极开展建党活动,经过一段时间的酝酿准备,上海共产党发起组于1920年8月正式成立,最早的成员有:陈独秀、李汉俊、施存统、陈望道、赵世炎、李达、沈玄庐、邵力子、周佛海、沈雁冰、杨明斋等,陈独秀被推为书记。发起组其中一些人很快就离开上海,分赴各地,成为各地共产党早期组织的发起人。与此同时,李大钊与陈独秀保持密切联系,不断就建党问题交换意见,并确立长江以南由陈独秀负责,长江以北由李大钊负责。1920年10月李大钊、张申府、张国焘组织了北京共产主义小组。

从1920年秋至1921年春,其他地方也陆续建立了共产主义小组:毛泽东、何叔衡在湖南;董必武、陈潭秋、包惠僧在武汉;张申府、赵世炎、陈公培、周恩来在巴黎;王尽美、邓恩铭在济南;谭平山、谭植棠在广州;施存统、周佛海在日本东京等等都成立了各地共产主义小组,这些共产主义小组的成立,为全国性的共产主义组织——中国共产党的创建准备了条件。

6月3日,共产国际代表马林取道欧洲来到上海,与从西伯利亚南下的另一位国际代表尼科尔斯基会合。他们很快与陈独秀离沪期间主持上海党组织工作的李达、李汉俊取得联系,并交换了情况。共产国际代表建议及早召开党的代表大会,宣告中国共产党的正式成立。李达、李汉俊在征询陈独秀、李大钊的意见并获得同意后,分别写信给各地党组织,要求每个地区派出两位代表到上海出席党的全国代表大会。

**中国共产党第一次全国
代表大会会址**

7月23日晚,中国共产党第一次全国代表大会在上海法租界望志路106号(今兴业路76号)正式开幕。其间由于会场受到暗探注意和法租界巡捕房搜查,最后一天的会议转移到浙江嘉兴南湖的游船上举行。

参加大会的有来自7个地方、代表53名党员的12名代表。他们是:李汉俊、李达(上海),张国焘、刘仁静(北京),毛泽东、何叔衡(长沙),董必武、陈潭秋(武汉),王尽美、邓恩铭(济南),陈公博(广州),周佛海(日本)。陈独秀和李大钊因公务在身未出席会议,包惠僧受陈独秀派遣出席会议。出席会议的还有共产国际代表马林和尼科尔斯基。

大会确定了党的名称为中国共产党,通过党的第一个纲领,即:

以无产阶级革命军队推翻资产阶级，采用无产阶级专政以达到阶级斗争的目的——消灭阶级，废除资本私有制，以及联合第三国际等。明确党的中心任务：鉴于当时的党"几乎完全由知识分子组成"，大会决定"要特别注意组织工人，以共产主义精神教育他们"①。

大会选举了领导机构：由陈独秀、张国焘、李达组成中央局，陈独秀为书记，张、李分别负责组织、宣传工作。大会还规定了党的民主集中制原则和党的组织纪律，规定了党的地方机构和接收新党员的手续。

党的一大正式宣告了中国共产党的成立。

## 第二节　中国革命的新局面

五十多年前，毛泽东在谈到中国近代史时曾经指出：中国共产党的成立，是"开天辟地的大事变"，从此以后，"中国改换了方向"。中国共产党的成立，给因辛亥革命失败而迷茫的人民群众带来了光明和希望，为他们的斗争开拓了通向胜利的新航道。从此，领导反帝反封建的革命斗争、争取民族独立和人民解放、实现振兴中华的伟大使命，历史地落到了中国共产党的身上。

### 一、第一次提出了反帝反封建的民主革命纲领，为中国人民指示了明确的斗争目标

谁是我们的敌人，谁是我们的朋友，这个问题是革命的首要问题。在中国共产党成立以前，中国人民对于外国侵略者和本国封建统治者进行过长期的、英勇顽强的斗争。这些斗争之所以成效甚少，根本的原因就在于没有认清革命的对象，不能团结真正的朋友，以攻击真正的敌人。

---

① 本书编写组：《中国近现代史纲要》，高等教育出版社2010年版，第113页。

从历史上看,无论是农民领袖,还是资产阶级民主派,都没有能力为中国人民指明斗争的目标。对于这个长时间里没有得到解决的问题,中国共产党刚刚成立一年,就给予了一个基本的解决。1922年7月召开的中国共产党第二次全国代表大会对中国社会的状况进行了科学的分析,明确地揭示了中国社会的半殖民地半封建性质,指出反对帝国主义和封建势力的"民主主义的革命运动是极有意义的"。党的最高纲领是实现社会主义、共产主义,但在现阶段的革命纲领应当是:打倒军阀;推翻国际帝国主义的压迫;统一中国为真正的民主共和国。这是在中国的条件下走向社会主义、共产主义的不可逾越的一个阶段。

党的二大之所以能够提出这样一个史无前例的民主革命纲领,是因为它作为最先进的阶级——工人阶级的政党,不仅代表着中国工人阶级的利益,而且代表着中国广大人民和整个中华民族的利益,是同帝国主义、封建主义根本对立的;是因为它掌握着马克思主义这个锐利的思想武器,正是马克思主义的阶级斗争理论,为中国人民对于中国社会问题的解决指出了一条基本线索,指明了走向胜利的道路。

**二、开始采取群众路线的革命方法,这是资产阶级、小资产阶级政党和政治派别没有也不可能采取的**

资产阶级是一个剥削阶级,它天生具有害怕群众的性格,这一点在中国资产阶级身上表现得尤其突出。戊戌变法时期,资产阶级维新派依靠的是一个皇帝,尽管一些维新志士本人在斗争中表现得很英勇,由于没有取得群众的支持,他们还是不得不发出"有心杀贼,无力回天"的感慨。辛亥革命前后,同盟会及国民党的活动也只是"仅仅浮在上面"。他们只是依靠少数革命分子或联络一些会党,一般的工人和知识分子对他们并"没有深刻的印象"。这种状况,在中国共产党成立之后不久,就有了一个根本的改变。因为,中国共产党作为工人阶级的先锋队,它的全部活动都是为工人阶级和人民群众谋利益的,是为他们的解放事业服务的,它就敢于相信、发动和依靠群众。

党的二大指出,"我们共产党,不是'知识者所组织的马克思学会',也不是'少数共产主义者离开群众之空想的革命团体'",而是一个"为无产阶级之利益而奋斗的政党"。"党的一切运动都必须深入到广大的群众里面去。"

在中国共产党领导、组织、推动下,从1922年1月香港海员罢工至1923年2月京汉铁路工人罢工,掀起了全国第一次工人运动高潮,在13个月的时间里,全国发生了包括安源路矿工人罢工、开滦五矿工人罢工等在内的大小罢工斗争达100多次,参加人数30万人以上。同时,党也开始从事发动农民的工作,成立农民协会、召开农民代表大会等。这种新式的农民运动,在中国共产党成立之前是不曾有过的。

初创的中国共产党,马克思主义的理论准备还很不充分,对中国革命问题的许多看法还很不成熟,在一定程度上还显得有些幼稚。但是它刚刚成立就解决了其他党派、团体所解决不了的中国革命的对象和动力问题,采取了其他党派、团体所没有采取过的依靠群众的革命方法。这个情况表明,它能够胜利地担当起领导中国革命的历史责任。

### 三、实行国共合作,掀起大革命高潮

中国共产党领导的中国工人的斗争浪潮,为党建立与其他革命力量的合作,掀起全国人民的大革命奠定了基础。孙中山正是从这个斗争中,认识到中国共产党是一支新兴的、生机勃勃的革命力量,因而下决心同它进行合作的。

在第一次国共合作的基础上,中国掀起了1924年至1927年的轰轰烈烈的大革命。在这场革命中,中国共产党起着独特的、不可代替的作用:

首先,从政治上看,大革命是在反对帝国主义、反对军阀的政治

口号下进行的。而提出这个口号的,正是中国共产党。

其次,大革命是近代中国历史上空前广泛而深刻的群众运动。而中国共产党正是人民群众的主要发动者和组织者。

再次,大革命的主要斗争形式是推翻封建军阀统治的国内革命战争。中国共产党直接参与制定了有关的战略方针,共产党人不仅帮助和推动了国民革命军的建立,而且在军队中进行了卓有成效的政治工作,并在战斗中起着公认的先锋作用和表率作用。

中国共产党对于大革命所作的独特的重大的贡献,是当时人们所公认的。连国民党右派理论家戴季陶 1926 年 11 月演说时也讲"中国共产党好像机关车(指火车头),国民党好像货车,中国共产党加入国民党,好像给货车套上机关车"①。

中国共产党刚刚成立时,只有 53 个成员,几个小组。胡乔木说:"一大"开过了,似乎什么也没有发生,连报纸上也没有一点报道。但是,中国的伟大事变在实际上却开始了。


## 第三节　没有共产党就没有新中国


抗日战争胜利后,中国人民迫切需要一个和平安定的环境,休养生息、重建家园。中国共产党从中国人民的根本利益出发,提出和平、民主、团结的方针,主张建立民主联合政府。为此,毛泽东亲赴重庆与蒋介石谈判,国共两党共同签署了《双十协定》,确定了和平建国的方针。

此后,政治协商会议召开,中国大地一度出现和平的曙光。但是,代表大地主大资产阶级利益的国民党反动统治集团,为继续维持

---

① 沙健孙:《关于〈中国近现代史纲要〉中教学的若干问题》,《思想理论教育导刊》2006 年增刊。

一党专政的统治，拒不承认人民在抗战中已经取得的胜利，无意实行任何民主改革，并背信弃义地撕毁包括《双十协定》和政协决议在内的一系列协定和协议，甚至不惜发动内战。这样，一场关乎中国命运和前途走向的大决战终究不可避免。

最终，中国人民在中国共产党的领导下，推翻了三座大山，建立了中华人民共和国。

### 一、一个新中国的诞生

中国人民革命的胜利，结束了一百多年来帝国主义勾结封建统治者剥削压迫中国各族人民和内外战乱频仍、国家四分五裂的局面，实现了梦寐以求的民族解放和国家独立。

中国人民从此站立起来，中华民族以崭新的姿态屹立于世界民族之林。中国历史开始了新的纪元。

中国人民革命的胜利，是马克思主义的胜利。党从建立的时候起，就以马克思主义理论作为自己的行动指南。以毛泽东为代表的中国共产党人，创造性地运用马克思主义的基本原理，把它同中国革命的具体实践结合起来，形成了伟大的毛泽东思想，找到了夺取中国民主革命胜利的正确道路。

开国大典，毛泽东在天安门
城楼上宣告中华人民
共和国成立

毛泽东在总结中国新民主主义革命的历史经验时曾指出："一个有纪律的、有马克思列宁主义的理论武装的、采取自我批评方法的、联系人民群众的党。一个由这样的党领导的军队。一个由这样的党领导的各革命阶级各革命派别的统一战线。这三件是我们战胜敌人的主要武器。"①

---

① 《毛泽东选集》第4卷，人民出版社1991年版，第1484页。

中国人民革命的胜利,不单是中国从古未有的大胜利,也是具有世界意义的大胜利,是继俄国十月社会主义革命和世界反法西斯战争胜利之后世界历史中最重大的事件。它在一个人口占全人类近四分之一的大国里,冲破帝国主义的东方战线,极大地改变了世界的政治格局,壮大了世界和平、民主和社会主义的力量,鼓舞了世界被压迫民族和被压迫人民争取解放的斗争,从而受到世界人民的欢迎和支持。

"没有共产党,就没有新中国。"这是中国人民基于自己的切身体验所确认的客观真理。这一点,甚至也得到了来自国民党营垒的一些人士的肯定。1949 年 6 月 26 日,留在北平的国民党政府代表团长张治中在他所发表的《对时局的声明》中说:"我居留北平已八十多天了,以我所见所闻,觉得处处显露出一种新的转变、新的趋向,象征着我们国家民族的前途已显露出新的希望。""觉得极大的欣慰。我们中国人毕竟还有能力把国家从危机中挽救过来,还可希望把国家搞好,断不是一个没出息的民族已可得到证明。"①

历史的诉说夹杂着悲痛,也充满了自豪。鸦片战争以来的一百多年间,中华民族饱经忧患,历尽沧桑,又百折不挠,奋斗不息。在中国共产党的领导下,中国由封建专制而建立民主共和,由任人宰割而实现民族独立,由贫穷落后而步入小康社会,并沿着中国特色社会主义道路大踏步走向繁荣富强。


**二、九十年光辉历程**

中国共产党自诞生以来,以实现中华民族伟大复兴为己任,团结带领全国各族人民,战胜各种艰难险阻,成功地领导了两次革命、干了三件大事、实现了两次飞跃。

第一次革命,把一个半殖民地半封建的旧中国变成了一个社会主义新中国;第二次革命,正在把一个经济文化比较落后的社会主义

---

① 张治中:《张治中回忆录》下册,文史资料出版社 1985 年版,第 850 页。

中国变成一个富强民主文明和谐的社会主义现代化中国。

　　与此相应的第一件大事,是在新民主主义革命时期,经过 28 年艰苦卓绝的斗争,推翻了帝国主义、封建主义、官僚资本主义的反动统治,实现了民族独立和人民解放,建立了人民当家做主的新中国;第二件大事,是在社会主义革命和建设时期,确立了社会主义基本制度,建立起独立的比较完整的工业体系和国民经济体系,使古老的中国以崭新的姿态屹立在世界的东方;第三件大事,是在改革开放和社会主义现代化建设时期,开创了中国特色社会主义道路,坚持以经济建设为中心、坚持四项基本原则、坚持改革开放,建立起社会主义市场经济体制,大幅度提高了我国的综合国力和人民生活水平,为全面建设小康社会、基本实现社会主义现代化开辟了广阔的前景。

　　两次飞跃,是以波澜壮阔的实践为基础、把马克思主义基本原理同中国具体实际相结合所实现的两次历史性飞跃。第一次飞跃形成了毛泽东思想,第二次飞跃形成了包括邓小平理论、"三个代表"重要思想以及科学发展观等重大战略思想在内的中国特色社会主义理论体系。

　　在九十年的历程中,中国共产党也曾经不同程度上犯过错误,遭受过不同类型的挫折甚至失败。如 1927 年大革命的失败,30 年代革命根据地的丢失、红军被迫进行长征,"文化大革命"的十年内乱等,都是重大的挫折甚至失败。发生这些失误和挫折并不是不可理解的事情,要认真研究造成失误和挫折的原因,吸取教训。

　　中国共产党的伟大、光荣,并不在于从来不犯错误、从来没有曲折,而是在于能够郑重、科学地对待这些失误和挫折。我们党正是正确地认识和对待了大革命的失败,才终于选择和走上了农村包围城市、武装夺取政权的道路;正是正确地认识和对待了"文化大革命"的严重错误,从中吸取深刻的教训,才实现了从"以阶级斗争为纲"到以经济建设为中心、从封闭半封闭到对外开放的历史性转变。

　　九十年来,中国共产党正是在总结经验、吸取教训的过程中变得更加成熟,党的事业变得更加兴旺发达。①

　　历史充分证明,中国共产党不愧是伟大、光荣、正确的马克思主义政党,不愧为领导中国人民团结奋斗的核心力量,不愧为中华民族走向复兴的中流砥柱;只有中国共产党才能救中国,只有中国共产党才能发展中国,只有中国共产党才能强盛中国。这是历史的选择,是中国人民在长期奋斗历程中得出的根本结论。②

　　中国共产党成立以来重大事件:

1. 中国共产党成立。

2. 第一次国共合作和北伐战争。

3. 南昌起义和人民军队的诞生。

4. 井冈山革命根据地的创建和农村包围城市道路的开辟。

5. 红军长征和遵义会议的召开。

6. 抗日民族统一战线的建立和抗日战争的胜利。

7. 延安整风和党的七大确立毛泽东思想的指导地位。

8. 人民解放战争的胜利。

9. 中华人民共和国成立。

10. 党在过渡时期总路线的提出和社会主义基本制度的初步建立。

11. 党的八大和建设社会主义道路的探索。

12. 粉碎林彪、江青反革命集团。

13. 党的十一届三中全会实现历史性的伟大转折。

14. 党的十二大提出建设有中国特色社会主义。

15. 党的十三大提出社会主义初级阶段理论和党在社会主义初级阶段的基本路线。

16. 邓小平南方谈话。

---

①　李忠杰:《从党的历史中汲取营养智慧》,《人民日报》2010 年 8 月 3 日。
②　《感悟伟大历程,凝聚奋进力量》,《中国共产党新闻网》2011 年 5 月。

17. 党的十四大提出建立社会主义市场经济体制的改革目标。

18. "一国两制"构想和香港、澳门的回归。

19. 党的十五大提出高举邓小平理论伟大旗帜。

20. "三个代表"重要思想的提出。

21. 科学发展观的提出。


### 三、六十年辉煌成就

1. 新中国成立后经过三十年的艰难探索，社会主义建设在曲折中前进

新中国成立后的三十年，经过艰难探索，社会主义建设在曲折中前进。这段时期提供的根本政治前提、雄厚物质技术基础、有利的国际条件、正反两方面经验教训，为改革开放和开辟中国特色社会主义道路奠定了坚实的基础。[①]

（1）我国取得了民族独立、主权和领土完整，实现了大陆的统一和各民族的团结，铲除了帝国主义、封建势力统治的根基，确立了工人阶级领导的、以工农联盟为基础的人民民主专政的国体，建立了人民代表大会制度、中国共产党领导的多党合作和政治协商制度、民族区域自治制度等基本政治制度，进行了对农业、手工业、资本主义工商业的社会主义改造，完成了新民主主义革命向社会主义革命的转变，奠定了社会主义公有制的经济基础，从此结束了中国蒙受屈辱、战乱频仍、四分五裂、民不聊生的黑暗历史。

（2）我国通过连续四个半"五年计划"的建设，初步建立起了独立的比较完整的工业体系和国民经济体系，一定程度上改变了旧中国工业集中于沿海地区的不合理布局，并通过大规模农田水利基本建设和发展化肥、农药、农用机械等工业，大大改善了农业生产条件。

1949年，我国人民经过28年浴血奋斗，从帝国主义、官僚买办

---

① 教育部高等学校社会科学发展研究中心：《社会主义中国60年成就与经验》，教育科学出版社2010年版，第4页。

资产阶级手中没收的固定资产仅为 112.4 亿元。而到了 1978 年,我国新增固定资产达 6440 亿元,是 1949 年的 57.3 倍。1949—1978年,我国工农业总产值年均递增 8.2%,即使按国民生产总值(GDP)统计,年均增幅也达 7.32%,不仅高于同期发达国家,也高于所有发展中国家。

其中,钢、煤、石油、水泥、发电量、机床的产量,分别是旧中国最高年产量的 34.4 倍、10 倍、325 倍、29 倍、42.8 倍、33.9 倍;汽车、拖拉机、飞机制造和电子、石油化工等工业部门,更是从无到有;粮食、棉花产量分别比 1949 年增长 1.7 倍和 3.9 倍;粮食平均亩产由 137斤提高到 337 斤,增长 1.45 倍。高校毕业生累计超过旧中国 36 年总数的 14 倍,全国专业技术人员是新中国成立初期同类人员总数的13.2 倍。

(3)新中国外交工作取得显著成效。

起初我们加入维护世界和平的社会主义阵营,首创和平共处五项原则,支持亚非拉民族解放和独立运动,发展同中间地带国家的友好关系,在极其困难的情况下打赢了抗美援朝等自卫战争,争取到了苏联等社会主义国家对我国“一五”计划建设的支援,挫败了外国侵略势力对我国孤立、封锁、干涉和挑衅的行径,研制成功了“两弹一星”和核潜艇,开展了旨在加强战略后方的大小“三线”建设(大“三线”是就全国而言,小“三线”是就各省而言),从而大大提高了中国的国际地位,打破了超级大国的核垄断和核讹诈,增强了国防力量,为进行和平建设赢得了宝贵时间。

后来面对新霸权主义的军事威胁,毛泽东又及时提出关于“三个世界”划分的理论,实现了中美和解,推动了我国同日本和西欧许多国家关系的改善,开展了从西方大规模引进成套先进设备和技术的工作,并在第三世界国家支持下恢复了我国在联合国的合法席位。

(4)我们进行了适合中国国情的社会主义建设道路的探索,并积累了丰富的经验。其中既包括进行社会主义建设的方针,也包括加强执政党建设的方针。

例如,要全心全意为人民服务;要独立自主,自力更生;要把中国建设成社会主义现代化强国,对人类做出较大贡献;要走中国自己的道路,不要机械搬用外国经验;要正确处理两类不同性质的矛盾,调动一切积极因素;要以农业为基础、工业为主导,工农业同时并举;要统筹兼顾,适当安排;要综合平衡,按比例发展;要发挥中央和地方两个积极性;要在文化建设上实行"双百"方针;要在党的建设上坚持"两个务必",警惕"糖衣炮弹"的进攻,防止执政党脱离人民群众等。①

2. 改革开放以来经过三十多年快速发展,走上中国特色社会主义新道路

党的十一届三中全会拉开了改革开放的序幕,调动了亿万人民群众投身社会主义建设的积极性,从此我们走上中国特色社会主义新道路,30多年来取得了伟大成就。

(1)综合国力大幅跃升。

从1978年到2010年,我国国内生产总值由3645亿元增长到397983亿元,经济总量上升为世界第二。

中国主要农产品和工业品产量已居世界第一,具有世界先进水平的重大科技创新成果不断涌现,高新技术产业蓬勃发展。

科技、教育、文化和社会事业蓬勃发展,众多尖端科技领域处于世界领先地位,国防和军队建设取得巨大成绩,香港、澳门回归,祖国统一大业迈出重大步伐。

2008年我国遭遇四川汶川大地震、华尔街金融危机冲击,2010年遭遇青海玉树大地震、云南旱灾、南方水灾冲击,但中国国内政局保持稳定;北京奥运会、上海世博会成功举办,让世界看到中国的巨大活力;中国航天员实现太空行走,一次完美的航天之旅,让世界看到中国的智慧和进步。

---

① 教育部高等学校社会科学发展研究中心:《社会主义中国60年成就与经验》,教育科学出版社2010年版,第4—9页。

按照世界银行的划分标准,我国由改革开放初期的低收入国家,跃升至中等偏下收入国家行列。

(2)人民生活明显改善。

城镇居民人均可支配收入由1978年的343.4元提高到2010年的19109元。

农村居民人均纯收入由1978年的133.6元提高到2010年的5919元。

基础教育快速发展,"两基"(即基本普及九年义务教育和基本扫除青壮年文盲)目标圆满实现。2010年第六次全国人口普查结果表明我国每10万人中具有大学文化程度的有8930人。

覆盖城乡居民的社会保障体系逐步形成,社会保障覆盖范围不断扩大,2010年养老、医疗、失业、工伤、生育等五项社会保险(不含新型农村社会养老保险)基金收入合计18823亿元。

医疗卫生事业加快发展,人民健康水平不断提高,2010年我国已有12.5亿人参加医保,全民医保时代已经来临。

人民过上了殷实的生活,基本权益得到保障,精神生活丰富多彩,总体上达到小康水平。

中国依靠自己力量稳定解决了13亿多人口吃饭问题,贫困人口大幅下降。这是一件了不起的事情,是对全人类作出的重大贡献。

(3)国际地位显著提高。

过去,中国人被称做"东亚病夫",长期被人家看不起。这种状况早已成为历史。

随着中国综合国力的日益增强,中国的实力地位及与世界的关系都发生了前所未有的根本性变化,中国在国际事务中的作用和影响显著提高,与世界的融合程度日益加深。中国的一举一动越来越受到世界的关注。现在,任何一个国家都不能忽视中国的存在。中国创造的奇迹,令世人惊叹;中国的发展前景,影响世界走向。今天的中国人,在世界上扬眉吐气。

在多边舞台上,中国作为联合国安理会常任理事国,继续在全球重大问题上发挥积极作用,展示了一个负责任的大国形象。在朝核、伊核、索马里等地区热点问题上,中国所发挥的建设性作用得到国际社会的广泛认可。在能源和粮食安全、气候变化、国际金融等问题上,提出了按照自身的实际能力承担国际义务等主张,体现了广大发展中国家的利益,得到国际社会广泛赞同。

中国为推进区域合作的发展作出了重要贡献。中国倡导成立和积极推动了上海合作组织的发展,使其日益成长为一支成熟和积极的力量。积极推进与东盟对话和东盟 10＋3 合作机制的发展,已经发展成为东亚合作的主要渠道,被认为是亚洲地区的发展方向和振兴的重要标志。积极推进中非新型战略伙伴关系,加强中国与非洲及其他第三世界国家在各领域的合作,促进南南合作发展。积极推进亚欧新型伙伴关系,为促进不同文明之间的对话作出了贡献。积极推进"金砖国家"、"基础四国"、中俄印等新兴国家协调合作机制。①

### 四、毫不动摇地坚持中国共产党的领导

弹指一挥间,沧桑巨变。九十年来,中国共产党创造出举世瞩目的伟大成就。今天,一个面向现代化、面向世界、面向未来的社会主义中国巍然屹立在世界东方。九十年的伟大实践,有许多宝贵启示,其中根本的一点就是必须坚持中国共产党的坚强领导。

1. 坚持中国共产党的坚强领导是历史的选择,人民的要求

1840 年鸦片战争后,中国逐步沦为半殖民地半封建社会。一百多年间,许多优秀儿女在苦难和屈辱中奋起抗争,无数仁人志士苦苦探求民族复兴之路,如太平天国、义和团运动、洋务运动、戊戌变法、辛亥革命等等,但却一次次遭到失败。

中国共产党领导中国人民,进行了伟大的北伐战争、土地革命战争、抗日战争和解放战争,经历了 28 年的浴血奋战,终于夺取了新民

① 《党领导人民实现的三次伟大历史变革》,《人民日报》2009 年 10 月 20 日。

主主义革命的胜利,建立了中华人民共和国。

新中国成立以后,党领导全国人民进行不断的探索,走出了一条有中国特色社会主义的崭新道路,取得了举世瞩目的伟大成就。

事实证明,只有中国共产党,才真正担负起了中国革命的历史重任。坚持中国共产党的坚强领导,是历史的必然选择、人民的共同心愿。

2. 坚持中国共产党的坚强领导是中国实现社会主义现代化的根本保证

我国进行的社会主义现代化建设,始终与社会主义基本制度紧密相连。我们的目标,是把中国由不发达的社会主义国家变成富强、民主、文明、和谐的社会主义现代化国家,使社会主义制度的优越性在中国充分体现出来。最高理想是实现共产主义。

中国共产党从总体上把握历史的发展方向和社会发展规律,制定出符合我国国情的基本路线和一整套正确的方针、政策,走出一条有中国特色社会主义道路,从而为我国社会主义现代化建设的顺利进行提供根本保证。因此,只有坚持中国共产党的坚强领导,才能顺利实现党提出的战略目标,使中国特色社会主义道路越走越宽广。

3. 坚持中国共产党的坚强领导是维护国家统一、社会和谐稳定的必然要求

在我国这样一个幅员辽阔、人口多、民族众多、底子薄、经济社会发展很不平衡的国家里进行社会主义现代化建设,没有一个安定、团结、稳定的社会政治环境是绝对不行的。安定团结和社会稳定是建设中国特色社会主义的前提条件。历史和现实都表明:国家统一、民族团结,则政通人和、百业兴旺;国家分裂、民族纷争,则丧权辱国、人民遭殃。

中国共产党从人民的根本利益出发,及时协调好各个方面的利益关系,正确处理、妥善解决各种矛盾,把各族人民在共同理想、共同目标的基础上紧密团结起来,为确保社会和谐稳定奠定了坚实基础。因此,只有坚持中国共产党的坚强领导,才能为现代化建设事业创造

一个安定团结的政治局面。

4. 坚持中国共产党的坚强领导是增强凝聚力,统一全国人民实现社会主义现代化的意志和行动的需要

人民群众是建设现代化的主体。中国共产党根植于人民群众,人民群众是党的力量源泉,胜利之本,党的最大政治优势是密切联系群众。党的主张和制定的路线、方针、政策符合国情,代表民意,能够最大限度地调动人民群众的积极性、主动性和创造性,因而具备强有力的组织领导能力和巨大的凝聚力。

党还通过自身的基层组织和党员的模范带头作用,把广大人民群众的智慧和力量凝聚起来,把广大人民群众带动起来,组织起来,共同为实现社会主义现代化建设的宏伟目标而奋斗。因此,在中国,能够把各地区、各民族、各阶层凝聚起来的,只有中国共产党。

5. 坚持中国共产党的坚强领导是应对当前复杂的国内外形势挑战的需要

当前,我国面临着复杂的国际国内环境。

从国际上看,当今世界正在发生复杂而深刻的变化。世界多极化和经济全球化的趋势深入发展,科技进步日新月异,综合国力竞争日趋激烈,国际敌对势力加紧对我国实施"西化"、分化政治图谋,西方各种腐朽思想不断渗透。同时,影响和平与发展的不稳定不确定因素增多。

从国内来看,当代中国正在发生广泛而深刻的变革。随着改革开放的深入推进,我国社会生活发生了广泛而深刻的变化,社会经济成分、组织形式、利益分配和就业方式等的多样化还将进一步发展。这些必然会给我国政治、经济、社会、文化生活带来深刻影响。

在风险和机遇并存的关键发展阶段,只有坚持中国共产党的坚强领导,才能从容应对各种各样的困难和挑战,才能带领全国人民走向更美好的明天,实现中华民族的伟大复兴。

# 第2章

## 青年成长与党的事业

青年是祖国的未来和民族的希望,青年是国家和社会的宝贵人才资源。在党旗下成长起来的青年,个人的命运总是和党和国家的命运紧密相连。党的事业离不开青年,青年的成长离不开党。青年人只有在党的领导下,勇敢地担负起历史重任,走与工农群众相结合的成长道路,我们的青春才能在建设中国特色社会主义伟大事业中焕发出更加绚丽夺目的光彩。

## 第一节 青年的成长离不开党

青年是民族的希望、祖国的未来。党的事业要靠青年来传承。青年应当富有理想,立志高远,坚定信念,脚踏实地,在祖国建设中有所作为。

### 一、青年是早晨八九点钟的太阳

1957年毛泽东在莫斯科大学接见中国留苏青年和实习生时把青年人比作"早晨八九点钟的太阳","希望寄托在你们身上。世界是属于你们的,中国前途是属于你们的"。这个比喻凝聚着特定时代的主旋律,激励鼓舞着一代青年人的热情、信心与理想,影响着一代人的成长。如今作为新时期的青年仍然要积极进取,努力改造人生观和世界观,培养爱国爱党的情怀,为党的事业不懈奋斗。

1. 青年是民族的希望、祖国的未来

2005年1月19日,胡锦涛在全国加强和改进青年思想政治教育工作会议上强调,青年是国家宝贵的人才资源,是民族的希望、祖国的未来。2007年5月16日,他在人民大会堂会见耶鲁大学百名青年代表团时说,当代青年,不仅肩负着开创本国人民美好未来的使命,而且肩负着开创世界人民美好未来的使命。从胡锦涛的讲话中可见,他对青年寄托着无限的希望。

2. 青年最有生机,最具活力

青年朝气蓬勃,思维敏捷,最具创造力和活力,充满理想,最富有创造和创新精神。祖国的明天要靠青年一代,我们党的事业的接班人要认清自己肩负的使命和责任,自觉加强学习,矢志艰苦奋斗,勇攀科技高峰。

3. 青年是奋发向上、大有希望、开拓进取、大有作为的一代

胡锦涛指出,未来属于青年,未来取决于青年,未来更需要青年去创造。实践充分证明,在改革开放伟大进程中成长起来的当代中国青年是值得信赖,是有生气的,是能担当重任的。①

**二、青年成长离不开党的指引**

我们党是全国各族人民利益的忠实代表,是领导我们事业的核心。青年人只有坚持党的领导,坚定不移地跟党走,才能始终走在革命、建设和改革的前列,在实现中华民族伟大复兴的历史进程中发挥积极作用。

首先,是因为中国共产党是用马克思主义武装起来的中国工人阶级的先锋队,也是中国人民和中华民族的先锋队。它除了中国人民的利益之外,没有自己的私利,人民信赖它,党组织有强大的战斗力、凝聚力和吸引力。

---

① 教育部高等学校社会科学发展研究中心:《在党的旗帜下成长》,中国人民大学出版社2009年版,第200页。

其次,是因为青年从直接和间接的体验中,认识到只有社会主义才能救中国和发展中国,只有中国共产党才能领导中国人民实现全面小康社会的宏伟目标。有理想、有抱负、愿意为实现共产主义而奋斗的先进的青年加入中国共产党,才能更好地在党的指引下健康成长成才。

再次,是因为马克思主义的世界观、人生观、价值观是青年成长的指路明灯,马克思主义的立场、观点、方法是我们分析问题、解决问题的认识工具。加入党组织有利于更好地接受马克思主义世界观、人生观和价值观的教育和改造。

青年要在党的指引下当好生力军,主动适应时代要求,关注国家和民族的前途和命运,认清自己的历史使命,自觉把理想化为积极的行动,在社会主义现代化建设的各个岗位上,作出无愧于先辈、无愧于时代、无愧于人民的贡献。

### 三、青年人应该在祖国建设中大有作为

青年一代,是八九点钟的太阳,是社会发展中的突击队和生力军,肩负着祖国的未来和民族的希望。希望当前青年一代,心中洋溢着热情和开拓的渴望,理想二十年后也同样能够成为现实。为此要做好以下几点:

1. 要勤奋学习,努力提高自身素质

发展党的事业必须靠智慧。而聪明在于学习,天才在于积累,只要努力学习、勤奋学习,向身边的共产党员学习,与时俱进,不断充实自己,才可能有所作为。要关注时政,加强政治理论学习。青年是时代的弄潮儿,要成为时代的骄子,首先要把握时代的脉搏,掌握时代的方向,这就需要青年加强学习,提高理论水平和政治觉悟。要加强专业知识学习,注重实践,努力拓宽知识视野,提高文化修养,多角度、全方位锻炼和提高自己。

2. 要树立远大理想,并为之不懈努力

理想与追求是成才的动力,崇高的理想和坚定的信念,是战胜艰

难险阻,通向成功彼岸的强大精神支柱和力量源泉。一个没有理想,没有远大目标的人是决不会有所追求、有所作为的。要给自己确定一个奋斗的目标,人生目标是人生实践活动的前提和起点,是人的生命活动的总目标,它决定人生的根本方向和道路,决定人生的根本态度和人生价值。青年是理想的形成时期,是立志成才的关键阶段。青年应当立下远大志向,树立社会主义、共产主义的崇高理想,并在实现远大志向和崇高理想的奋斗中,为祖国和人民建功立业。

3. 要积极作为,勇于实践,努力抓住一切机遇

勇于实践是成才的重要途径。实践能巩固、应用所学知识,是提高青年创新能力的重要手段,是青年成长的根本途径。实践最大的好处是能够把书本知识真正转化为能力,能够帮助青年磨炼意志、砥砺品格,增长胆识和才干。

青年时期是一个人一生中最宝贵的时期,也是最有作为的时期,青年时期往往能奠定坚实的基础。青年时期,正处于人生想象力、创造力最强的时期。党的事业等着青年去奋斗。青年一定要抓住机遇,珍惜光阴,学而不倦,勇于创新。虽然在我们每个人前进的道路上还面临着各种困难和挑战,但是,只要我们"仰望星空",高瞻远瞩,坚持理想,牢守信念,"脚踏实地",时刻以共产党员为榜样,让心头永远"燃起希望的烈焰",就一定能激发出源源不绝的精神动力,跨进更加美好的明天。

# 第二节　党的事业离不开青年

## 一、时代的呼唤

中国共产党现阶段的奋斗目标是全面建设小康社会,开创中国特色社会主义新局面。党的最高理想和最终目标是实现共产主义。因此,党的事业是几代人、十几代人乃至几十代人前赴后继才能完成的伟大历程。从党的历史可以看出,我们党历来重视加强党的自身

建设,培养发展大批优秀青年入党,为党的事业发展输入新鲜血液。正如江泽民所说:"中国共产党从诞生之日起,就同广大青年紧密联系,党的事业离不开青年,青年的成长更离不开党。"只有赢得青年,才能赢得未来。

### 1. 南湖的曙光亮起来

嘉兴南湖这片现有600多亩水域面积的风光旖旎之地,宋代以来就是与杭州西湖、绍兴东湖齐名的浙江三大名湖之一。20世纪20年代初,在这里的一艘游船上,一批青年知识分子商讨建立了一个神圣而光荣的政党——中国共产党,用智慧与勇气擦亮了黑暗大地上的第一道光芒。从那时候起,无数的热血青年选择了革命,选择了党,掀起了第一次大革命的浪潮。有史料表明,在中国共产党成立之初,参加中共一大的13名代表几乎都是青年知识分子,而当时全国50多名共产党员也大都是青年人。大革命时期,许多有志青年加入了中国共产党,成为中国革命的主力军。有"铁军"之称的叶挺独立团,就是以青年官兵为主体。

在抗日战争时期,民族危亡、国难当头的时刻,是中国共产党,是青年学生,走在前列肩负起了历史的责任,一起冒着枪林弹雨高呼"结束内战,一致对外"。在那段艰苦岁月里,延安成为吸引全国各地成千上万追求革命信仰的青年心目中的圣地,仅1938年春夏4个月,就有2200多名知识青年辗转西安八路军办事处奔赴延安。

在解放战争中,又是大批青年知识分子面对国民党的白色恐怖,不畏强权和独裁专制,用鲜血和生命换取人民的民主和独立。在国统区,我们党领导建立了民主青年同盟、民主青年联盟、新民主主义青年社等,团结广大爱国进步青年,举行了一次又一次反美反蒋的爱国民主运动,提出了"反饥饿、反内战、反迫害"的口号,开辟了第二条战线。在解放区,广大青年在党的直接领导下,踊跃参军支前,参加土地改革;解放军中的青年战士,更是响应毛主席、朱总司令的号召,"打倒蒋介石,解放全中国",为人民解放事业立下了不朽的功勋。

**2. 激情的岁月燃起来**

当第一面五星红旗在天安门城楼上升起来的时候,青年们挥舞着帽子欢呼雀跃,表达着他们对党的崇敬和对未来的憧憬。在火红的年代里,不论是抗美援朝、社会主义改造,还是向科学进军、推进"四化"建设,不同的时期一代又一代的热血青年总是团结一致,继往开来,为党的事业奋斗拼搏,默默奉献。

在新民主主义社会,青年们积极投身"一化三改"运动,他们饱含热情参加工业化建设,参加农业、手工业和资本主义工商业的社会主义改造,在自己的不同岗位上积极地参加祖国的各种建设,发挥自己的积极性和创造性,以对祖国、对人民的无限忠诚,依靠着和周围群众的密切联系,为完成和超额完成国家工农业生产计划而努力。

进入社会主义时期,青年们又以饱满的热情,投身社会主义建设。青年们在党的领导下,争先恐后参加垦荒扫盲、植树造林、支边援边等一系列活动,从中培养和锻炼了一大批社会主义建设的急需人才。尽管物质生活相对比较贫乏清苦,但青年人的精神世界却色彩斑斓。崇高的革命理想是巨大的力量源,鼓舞着热血青年奋发向前。作家石钟山所作的小说《激情燃烧的岁月》,讲述了在激情的年代里,一代人用热情的火焰、燃烧的青春谱写了一曲生命乐章,塑造了那个时代青年的光辉形象,受到了读者们的欢迎。雷锋就是这一时期青年的典型代表,他一生短暂却助人无数,以"钉子"精神刻苦学习,以"螺丝钉"精神干一行、爱一行、钻一行,毫不利己,专门利人,把有限的生命投入到无限的为人民服务之中去。他的事迹伴随了几代人的成长。

改革开放以后,千千万万青年以"振兴中华、实现四化"为己任,积极投身改革和建设的实践。改革开放三十多年来,广大青年听从党的号召、响应时代召唤,积极投身中国特色社会主义伟大事业,在改革开放和社会主义现代化建设各个领域创优争先、开拓奋进,奏响了新时代的青春之歌。中国青年在新时期以改革开放和全面建设小康社会的坚定支持者和参与者的姿态,以特有的激情和活力勇立在时代潮头,涌现出许多可歌可泣的感人事迹。"中国青年五四奖章"获得者来自各行各业,是我国改革开放和社会主义现代化建设实践中涌现出来的优秀青年典型。他们的先进事迹集中体现了当代青年报效祖国、热爱人民的崇高理想,艰苦奋斗、无私奉献的高尚情操,锐意进取、勇于探索的创新精神,不畏艰难、不折不挠的坚韧品格,爱岗敬业、脚踏实地的实干作风。航天英雄、科技精英、企业巨子、白衣天使、人民卫士、体坛健将等等。在中国青年五四奖章获得者的身上,集中体现了青年一代闪光的足迹。近年来,在抗洪抢险、北京奥运会、抗震救灾斗争、上海世博会等一系列大事、难事、急事面前,"80后"、"90后"青年又充分展现了自觉担当、奋勇向前的精神面貌,向国人证明了在改革开放伟大进程中成长起来的当代中国青年是值得信赖的,是能担当重任的。

实践充分证明,党的事业离不开青年。毛泽东曾经指出:"'五四'以来,中国青年们起了什么作用呢?起了某种先锋队的作用,这是全国除开顽固分子以外,一切的人都承认的。什么叫做先锋队的作用?就是带头作用,就是站在革命队伍的前头。"①从五四运动到改革开放的今天,无论是在与帝国主义、封建主义和官僚资本主义三座大山的艰难苦斗中,还是在建设富强、民主、文明、和谐的社会主义现代化国家的伟大事业中,青年始终是党的事业取得胜利的主要力量。青年兴则国家兴,青年强则国家强,青年有希望党的事业就有希望。

### 二、领袖的期望

我们党历来高度重视巩固和扩大青年群众基础。在革命、建设和改革的各个时期,党始终紧密团结青年,党的主要领导人始终对青年给予了非同寻常的关怀和期望。

---

① 《毛泽东选集》第2卷,人民出版社1991年版,第565页。

1. 毛泽东：青年是革命的先锋队

毛泽东的革命实践是从他从事青年运动开始的,并引领着革命青年一起前行。1915 年,他向长沙各校发出"征友启事",提出"以意志坚定、艰苦奋斗、随时准备为国捐躯"为条件,结交青年朋友。1917 年,他和友人步行千里,做社会调查。1919 年,五四运动爆发,他在湖南参加领导学生运动,组织二十多所学校举行总罢课。他主编的《湘江评论》对湖南地区的五四运动起了重要的推动作用。1920 年,他在长沙筹建了社会主义青年团组织,并与何叔衡等建立了共产主义小组。

1921 年,毛泽东参与创建中国共产党。党成立之后,他重视青年这支新生力量,注意发挥他们在革命斗争中的积极作用。1935 年,北平爆发了一二九运动,毛泽东在延安青年纪念一二九大会上的演讲中给予很高的评价,他指出,一二九运动是伟大抗日战争的准备,这和五四运动是第一次大革命的准备一样,有着重大的历史意义。

解放战争时期我国青年运动进入鼎盛发展阶段。在 1945 年昆明爆发的反内战、争民主的一二一运动的推动下,广大学生的爱国主义运动逐步形成了配合人民解放战争的第二条战线。蓬勃发展的学生运动,有力地支援了人民解放战争,加速了中国革命胜利的进程。毛泽东赞扬"学生运动的高涨,不可避免地要促进整个人民运动的高涨。过去五四运动时期和一二九运动时期的历史经验,已经表明了这一点"①。

新中国成立后,以毛泽东为核心的党中央更加重视青年工作。1955 年,毛泽东曾指出:"青年是整个社会力量中的一部分最积极最有生气的力量。他们最肯学习,最少保守思想,在社会主义时代尤其

---

① 《毛泽东选集》第 2 卷,人民出版社 1991 年版,第 1225 页。

是这样。"①在《关于正确处理人民内部矛盾的问题》一文中,毛泽东指出:"在知识分子和青年学生中间,最近一个时期,思想政治工作

**1957年11月17日,毛泽东主席访问苏联期间在莫斯科大学接见了中国留学生**

减弱了,出现了一些偏向,在一些人的眼中,好像什么政治,什么祖国的前途、人类的理想,都没有关心的必要、好像马克思主义行时了一阵,现在就不那么行时了。针对着这种情况,现在需要加强思想政治工作,不论是知识分子,还是青年学生,都应该努力学习。除了学习专业之外,在思想上要有所进步,政治上也要有所进步,这就需要学习马克思主义,学习时事政治。没有正确的政治观点,就等于没有灵魂。"②

共产主义事业是千秋大业,需要一代一代人不断奋斗才能实现。青年是保证这个伟大事业得以持续发展和最终胜利的承前启后的一代。毛泽东总是把希望寄托在青年身上。他说:"世界是属于你们的,中国的前途是属于你们的。"毛泽东到晚年,出于保证党和国家不改变颜色的思想,还多次讲到要培养和造就无产阶级事业接班人的问题。

2. 邓小平:青年是党的未来和希望

邓小平也高度重视做好青年人的工作,把青年看成是我们党的未来和希望,把青年的培养和使用看成是确保党的路线、方针、政策稳定性、连续性的关键。他信任青年、理解青年、尊重青年,关怀青年的成长,他带领广大青年和中国人民开辟了改革开放的伟大时代。

在1955年9月全国青年社会主义建设积极分子大会上,邓小平

---

① 共青团中央、中共中央文献研究室编:《毛泽东邓小平江泽民论青少年和青少年工作》,中央文献出版社、中国青年出版社2000年版,第108页。

② 《毛泽东文集》第7卷,人民出版社1997年版,第226页。

曾明确指出:"无数的事实表明了新中国的青年是勇于向前的,是生气勃勃的,是对社会主义抱有无限热情的,是有强烈的上进心的。我们毫不怀疑青年是我们的希望和我们的将来。"①在党的第八次全国代表大会上,他高瞻远瞩地指出:"青年——是我们的未来,我们的一切事业的继承者。"②在1978年召开的全国科学大会的开幕式上,邓小平高兴地指出:"可以预见,一个人才辈出、群星灿烂的新时代必将很快到来。科学的未来在于青年。青年一代的成长,正是我们事业必定要兴旺发达的希望所在。"③他在1987年4月曾说过,实现"三步走"发展战略的"第三步"的目标,"还需要五六十年的艰苦努力。那时,我这样的人就不在了,但相信我们现在的娃娃会完成这个任务"④,这里的"娃娃"指的就是现在所谓的"70后"、"80后"、"90后"青年。他说"要注意培养人,要按照'革命化、年轻化、知识化、专业化'的标准,选拔德才兼备的人进班子。我们说党的基本路线要管一百年,要长治久安,就要靠这一条。真正关系到大局的是这个事"⑤。这对青年自觉成为党的事业的合格建设者和可靠的接班人提出了殷切希望。

关于青年的培养教育,邓小平创造性地提出了培养"四有"新人的目标,即培养"有理想、有道德、有文化、有纪律"的社会主义新人这样一个具有丰富内涵的培养目标。关于青年的成长成才,邓小平提出学习是青年成长的重要途径,实践是青年成长的基本途径。他在1978年就提出,首先要学知识、包括科学文化知识、专业知识和管理知识;其次要学马列;最后要学习党的优良传统和作风,明确指出"中青年干部接班,最重要的是接老同志坚持革命斗争方向的英勇

①　共青团中央、中共中央文献研究室编:《毛泽东邓小平江泽民论青少年和青少年工作》,中央文献出版社、中国青年出版社2000年版,第128页。
②　《邓小平文选》第1卷,人民出版社1994年版,第254页。
③　《邓小平文选》第2卷,人民出版社1994年版,第95页。
④　《邓小平文选》第3卷,人民出版社1993年版,第227页。
⑤　《邓小平文选》第3卷,人民出版社1993年版,第380页。

精神的班"①。邓小平退出领导岗位后,仍然关心青年的成长。他谆谆嘱托党的第三代中央领导集体:"让更多的年轻人成长起来。他们成长起来,我们就放心了。"②

3. 江泽民:青年是接班人、建设者

党的第三代领导核心江泽民也对青年人的成长和成才高度重视,并高屋建瓴地提出了"青年兴则国家兴,青年强则国家强,青年有希望,未来的发展就有希望"③的战略思想。他在不同时期、不同场合多次表达了对青年的信任与期待。

1990 年 5 月 3 日,在首都青年纪念五四报告会上的讲话中,江泽民指出:"青年是社会中最富有活力的部分,是我们事业的希望。二十一世纪是你们的世纪,中国社会主义现代化建设的重任,历史地落在你们的肩上。"④同年,江泽民在会见全国青联七届一次会议和全国学联二十一大的部分代表时提出:"青年是我们的未来和希望。对青年,我们一向是既满腔热情、充分信任,又严格要求、积极引导。"⑤1992 年,江泽民在视察厦门大学时,就对青年学生说过,未来世界谁主沉浮?就是青年一代。青年一代肩负的责任很重。实现社会主义现代化建设的目标,需要全国人民努力奋斗,青年人更要立志贡献自己的力量。同年,他在与应届高校毕业生座谈时,强调指出:青年人是祖国的未来和希望。现在的大学毕业生是跨世纪的一代,任重道远。祖国和人民更寄予了热切的期望。

1998 年江泽民在与团中央新一届领导班子成员和团的十四大

① 《邓小平文选》第 3 卷,人民出版社 1993 年版,第 146 页。

② 《邓小平文选》第 3 卷,人民出版社 1993 年版,第 381 页。

③ 中共中央文献研究室编:《江泽民论有中国特色社会主义》(专题摘编),中央文献出版社 2002 年版,第 420 页。

④ 中共中央文献研究室编:《十三大以来重要文献选编》(中),中央文献出版社 1991 年版,第 549 页。

⑤ 共青团中央、中共中央文献研究室编:《毛泽东邓小平江泽民论青少年和青少年工作》,中央文献出版社、中国青年出版社 2000 年版,第 240 页。

部分代表座谈时指出:"中国青年运动在党的领导下,沿着马克思主义的正确方向向前发展,无数革命青年为了民族独立、人民解放和国家富强,谱写了壮丽的青春之歌。"①当代青年是社会主义事业的接班人,是祖国未来的建设者,肩负着振兴中华的使命。1999年,在接见首都纪念五四运动80周年"青春之歌"大型文艺晚会演出人员时,江泽民满怀激情地说:"未来是属于青年的,青春万岁!"②这激动人心的话语,既表达了一个革命领袖关心青年的心声,也表明了他对青年的科学认识与厚爱。他在庆祝中国共产党成立80周年大会上的讲话中,特别对青年提出了要求和希望:"热爱祖国,热爱人民,志存高远,胸怀宽广。"在2002年纪念中国共青团成立80周年大会上,他又强调指出:"马克思主义政党只有赢得青年,才能赢得未来。"他殷切地希望当代青年"在改革开放和社会主义现代化建设的伟大实践中,以自己的青春活力和满腔热血,为祖国和人民建立杰出的功绩"③。这些要求为当代青年在新的历史条件下健康成长指明了努力的方向。这一切明晰地体现了我们党急切盼望年青一代能尽快成长和成熟起来。

4. 胡锦涛:把关注的目光投向青年

胡锦涛在共青团第十四次全国代表大会上的祝词中深刻指出:"一个有远见的民族,总是把关注的目光投向青年;一个有远见的政党,总是把青年看做是推动历史发展和社会前进的重要力量。"全面建设小康社会的伟大事业,需要青年为之奋斗,也为青年提供了建功立业的广阔舞台。

为此,胡锦涛向全国广大青年提出三点希望:一要勤于学习。学习是进步的根基,青年处在学习的关键时期,一定要珍惜大好时光,

①　共青团中央、中共中央文献研究室编:《毛泽东邓小平江泽民论青少年和青少年工作》,中央文献出版社、中国青年出版社2000年版,第321—322页。

②　共青团中央、中共中央文献研究室编:《毛泽东邓小平江泽民论青少年和青少年工作》,中央文献出版社、中国青年出版社2000年版,第325页。

③　《江泽民文选》第3卷,人民出版社2006年版,第299、487、489页。

发愤学习、刻苦钻研,打牢人生成长进步的根基。二要善于创造。不断创造,不断开拓,是人类社会前进的规律。创造成就伟业,创造开辟未来。三要甘于奉献。奉献是崇高的精神境界,是美好的人生追求,也是成就事业的前提。只有立志为国家、为民族、为人民奉献智慧力量,才能创造亮丽的青春年华。

2006 年 3 月,胡锦涛提出了要树立以"八荣八耻"为主要内容的社会主义荣辱观。"八荣八耻"继承了中华民族优良传统,全面阐述了树立社会主义荣辱观的具体要求,为我们特别是青年树立正确的世界观、人生观、价值观提供了一个准绳。

### "八荣八耻"

以热爱祖国为荣、以危害祖国为耻,

以服务人民为荣、以背离人民为耻,

以崇尚科学为荣、以愚昧无知为耻,

以辛勤劳动为荣、以好逸恶劳为耻,

以团结互助为荣、以损人利己为耻,

以诚实守信为荣、以见利忘义为耻,

以遵纪守法为荣、以违法乱纪为耻,

以艰苦奋斗为荣、以骄奢淫逸为耻。

2009 年 5 月 2 日,在五四运动 90 周年纪念日即将到来之际,胡锦涛来到中国农业大学,同广大师生共迎五四青年节并发表重要讲话。提出了四点希望:

(1)希望同学们把爱国主义作为始终高扬的光辉旗帜。

爱国主义是民族精神的集中体现,也是五四精神的核心内容。正是因为有爱国主义这一强大精神支柱,我们中华民族才能历经磨难而生生不息。青年学生素有光荣的爱国传统,历来以爱国报国为己任,这是非常可贵的,应当继续发扬光大。在当代中国,爱国主义最鲜明的主题就是不断发展中国特色社会主义,在改革开放中加快推进社会主义现代化,全面建设小康社会,把中华民族伟大复兴的宏伟蓝图变成美好现实。希望广大青年学生把个人理想融入全民族的共同理想之中,坚定中国特色社会主义信念,积极投身改革开放和社会主义现代化建设,在为祖国、为人民的不懈奋斗中实现自己的人生价值。

(2)希望同学们把勤奋学习作为人生进步的重要阶梯。

"立身百行,以学为基。"一个人能有多大发展,能为社会作出多大贡献,很大程度上取决于这个人学习抓得紧不紧、知识基础打得牢

**2009年5月2日,中共中央总书记、国家主席、中央军委主席胡锦涛来到中国农业大学,同广大师生共迎五四青年节**

不牢。当今世界,科技进步日新月异,知识更新步伐加快,我国现代化建设呼唤大批高素质人才。因此,学习比以往任何时候都显得更加重要而紧迫。同学们不仅要刻苦钻研专业知识,而且要努力学习中国特色社会主义理论;不仅要注重学习祖国优秀传统文化,而且要广泛吸收各国优秀文明成果;不仅要认真学习知识技能,而且要注意掌握科学方法。只要大家勤于学习、敏于求知,不断积累新知识、增强新本领,就一定能奠定人生进步的根基,成为国家建设需要的有用人才。

(3)希望同学们把深入实践作为成长成才的必由之路。

古人讲,既要"读万卷书",又要"行万里路"。这在一定程度上揭示了人才成长的规律。古往今来凡成大事者,无不经过社会实践的历练和艰苦环境的考验。五四运动昭示的青年运动正确方向,就是在党的领导下,走与工农群众相结合、与中国革命实践相结合的道路。当代青年学生要健康成长、茁壮成才,仍然必须坚持这个正确方向、这条正确道路。对于广大青年来说,基层一线是了解国情、增长本领的最好课堂,是磨炼意志、汲取力量的火热熔炉,是施展才华、开拓创业的广阔天地。只有深入到基层中去,深入到群众中去,才能加深对社会的认识,增进同人民群众的感情,提高解决实际问题的能

力。近年来,不少青年学生积极响应党和政府号召,主动到基层一线去工作,做出了显著成绩,加快了成长成才步伐。希望更多同学以他们为榜样,自觉到基层一线去发挥才干,到艰苦的环境里去经受锻炼,到祖国和人民最需要的地方去建功立业,切实走好迈向社会的第一步,开辟事业发展的新天地。

(4)希望同学们把奉献社会作为不懈追求的优良品德。

只有勇于担当、甘于奉献,才能真正体验到人生的快乐和幸福,成为品德高尚、精神充实的人。在我们社会主义社会里,既尊重个性、承认物质利益,更倡导互助友爱、崇尚奉献精神。一个人如果不能正确处理集体和个人、奉献和索取的关系,片面强调个人利益,过于追求个人利益,他的人生道路只会越走越窄。希望同学们自觉践行社会主义荣辱观,带头倡导社会公德、职业道德、家庭美德、个人品德,多做关心集体、热心公益、扶贫济困、见义勇为的好事,真正尽到对国家、对社会、对人民应尽的责任和义务,以自己的行动影响和带动更多的人,为发展社会主义和谐人际关系、形成文明进步的良好社会风尚贡献一份力量。①

2010年"五四"前夕,胡锦涛给中国农大师生回信。在信中,胡锦涛指出,解决好"三农"问题是全党工作的重中之重,实现农业现代化是我国基本实现现代化的一项重要任务。这为农业院校赋予了重大责任,也为广大农科学子提供了广阔舞台。希望中国农业大学始终秉持"解民生之多艰,育天下之英才"的校训,下大气力提高教学水平、加强科研攻关、培育优秀人才,为发展现代农业作出更大贡献。希望中国农业大学的同学们牢固树立远大志向,努力掌握过硬本领,在热情服务"三农"的实践中建功立业,书写美好的人生。②

---

① 胡锦涛:《在同中国农业大学师生代表座谈时的讲话》,《人民日报》2009年5月3日第2版。
② 《勉励青年和青年学生在推进社会主义现代化的奋斗实践中书写美好人生》,《人民日报》2010年5月4日第1版。

2011 年 4 月 24 日,胡锦涛出席庆祝清华大学建校 100 周年大会,并在讲话中对全国青年提出了三点希望:第一,希望同学们把文化知识学习和思想品德修养紧密结合起来;第二,希望同学们把创新思维和社会实践紧密结合起来;第三,希望同学们把全面发展和个性发展紧密结合起来。①

此外,温家宝也多次对青年提出殷切期望。2010 年 5 月 4 日,温总理来到北京大学,寄语青年学生"要有远大的理想、高尚的道德、渊博的知识、强健的体魄和完整的人格"②。

青年是祖国的未来和民族的希望,青年是国家的宝贵人才资源。各级党委和政府要从党和国家事业薪火相传、后继有人的战略高度,对青年高度重视、充分信任、热情关怀、严格要求,更好地发挥青年的积极作用,努力培养造就中国特色社会主义事业合格建设者和接班人。各级共青团组织要认真做好青年工作,加强教育引导,主动提供服务,切实维护他们的合法权益。

### 三、广阔天地大有作为

中国共产党是用马克思主义理论武装起来的政党,是革命的大熔炉,是青年知识分子健康成长的大学校,在党九十年的光辉历程中,培养造就了一大批杰出的包括政治家、军事家、科学家、劳动模范等在内的中华民族优秀儿女,为民族的解放和国家建设起到了中流砥柱的作用。老一辈科学家钱学森、李四光、华罗庚等都是共产党员,他们在党的培养教育下为社会主义科教事业作出了卓越贡献。今天的青年同样离不开党的关怀,党的阳光照耀着青年茁壮成长,党的雨露滋润着青年走向成熟,青年的健康成长离不开党的关怀与

---

① 胡锦涛:《在庆祝清华大学建校 100 周年大会上的讲话》,《人民日报》2011 年 4 月 25 日。

② 《仰望星空,脚踏实地——温家宝总理与北大学子共度"五四"青年节纪实》,《人民日报》2010 年 5 月 5 日。

呵护。

1. 党为青年提供了美好的生活和接受教育的机会

我们的幸福生活来之不易,是党领导下的无数革命先辈们抛头颅、洒热血换来的,是靠勤劳无私的共产党人的双手缔造出来的。我们从小就接受党的教育,从加入少先队到加入共青团,再到入党,就个人的成长经历而言,当代青年都是在党的教育和培养下成长起来的。党教育我们要努力成长为有理想、有道德、有文化、有纪律的人;要自觉学习实践科学发展观,用马克思主义的科学理论武装自己的头脑;要成长为对党和国家、对人民有所建树的人。

我们的受教育和就业的机会也是党的政策给予的。现在高校青年学生是 1998 年的近十倍,如果没有国家和社会的发展,不可能有1999 年以来的高校大幅度扩招;如果没有高校扩招,目前在校青年中也就可能有相当比例青年不能上大学;如果没有经济发展和市场繁荣,就没有广阔的人才就业门路和成才的发展机遇。因此,当代青年要坚定永远跟党走的信念。作为当代青年,我们承载着成为党的事业可靠接班人的重任。

2. 党为青年提供了健康成长的必要保障

我们的党十分关心青少年和未成年人的健康成长。党领导成立了中国关心下一代工作委员会、中国共产主义青年团等群众性组织。其中,关工委是以离退休老同志为主体、党政有关部门和群团组织负责人参加的,以关心、教育、培养全国各族青少年健康成长为目的的群众性工作组织,是党和政府教育青少年的参谋和助手、联系青少年的桥梁和纽带。通过关心下一代工作,教育和引导青少年珍惜时光,勤奋学习,注重实践,努力学习先进文化,掌握现代科学技术和劳动技能,提高服务社会、报效祖国的本领;加强青少年的身心健康教育,引导他们锻炼强健的体魄,养成良好的心理品质;加强青少年法制教育,做好失足青少年的帮教工作,切实维护青少年的合法权益。

共青团是广大青年在实践中学习中国特色社会主义和共产主义的学校,是党的助手和后备军。长期以来,我们党坚持以党建带团建,保持党团组织的密切联系,把共青团事业作为党的事业的重要组成部分,开展共青团推荐优秀团员入党活动,在不断为党组织输送新鲜血液的同时,带动和促进了团的建设。

3. 党为青年指明了正确的成长成才道路

与实践相结合,与人民群众相结合,是青年成长的基本途径。这是五四运动以来中国青年运动生动实践得出的必然结论。历史反复证明,中国青年之所以能够在党的指引下为中国革命、建设和改革建立卓越功勋,就是因为中国青年始终走着一条与实践相结合,与人民群众相结合的光明大道。一切有志的青年,都要自觉深入人民群众之中,与工农相结合、与实践相结合。

人民群众改造自然和社会的伟大实践,是青年成长的丰厚沃土和宽广课堂。要站在人民的立场上,增强同人民群众的感情,自觉到祖国和人民最需要的地方去,到改革和建设的第一线去,到艰苦的和困难多的地方去,了解国情,经受锻炼,增长才干,开拓事业。要通过向人民学习、向实践学习,深刻体验我们现在的奋斗同革命先驱奋斗的历史联系,切身感受改革开放和现代化建设的时代脉搏,保持青年人朝气蓬勃的鲜明特点,认真克服自己的弱点和不足,在建设中国特色社会主义的实践中更好地成长和成熟起来。

青年走与实践相结合、与工农群众相结合的成长道路,具有十分重要的意义。

其一,这是青年加强与社会的联系,了解国情的有效途径。青年在未参加职业工作之前,多半是从书本上想象社会的,或者是通过道听途说来想象社会的,他们对社会对国情的了解有许多不切实际的方面。解决这个问题只能靠参加社会实践。

其二,这是青年增进与工农感情的有效途径。不少青年虽然来自工农家庭,但很少或没有参加工农业生产,因此并不真正了解工农,缺乏为工农服务的真挚情感。这些问题靠读书是解决不了的,必须通过参加实践、与工农实践相结合。

其三,这是提高青年思想政治素质、培养社会主义事业接班人的有效措施。从广义上说,每一个青年都是未来事业的接班人;从狭义上说,未来各级领导干部的接班人只能来自现在的青年。接班人的造就、成长,尤其是各级领导干部接班人的成长,除了必备的专业知识外,需要培养与工农的感情,需要调整主观与客观的关系,需要在实践中提高个人的能力。

**4. 党为青年的成长提供了广阔的舞台**

党以实现共产主义为最高理想和最终目标,以中国特色社会主义为共同理想,领导和团结全国各族人民,为建设富强、民主、文明、和谐的社会主义现代化国家而奋斗,描绘出了一幅波澜壮阔的宏伟画卷。

党领导下的社会主义新中国,特别是改革开放以来,是中华民族发展史上最好的历史时期。我国政治稳定、经济发展,人民生活水平不断提高,为青年成才创造了最好的历史条件。青年只有坚持党的领导,坚定不移地跟党走,积极投身建设中国特色社会主义的伟大事业,为党和人民的事业而奋斗,才能充分施展自己的才华,才能实现人生的最大价值。

(1)要进一步打牢思想基础。

要认真学习,用宏伟目标激励自己,把"爱祖国、爱福建、爱家乡"活动与认真学习中国特色社会主义理论体系、用马克思主义中国化最新成果武装头脑结合起来,牢固树立正确的世界观、人生观、价值观,积极投身新农村建设和社会主义和谐社会建设。

(2)要进一步勤奋学习。

当今时代,是学习和创新的时代,创建学习型组织、学习型社会已成为社会发展的潮流。一个人能有多大发展,能为社会作出多大贡献,很大程度上取决于这个人学习抓得紧不紧、基础打得牢不牢。青年要把热情、智慧和力量凝聚到全面推进新农村建设和社会主义和谐社会建设的伟大进程中,展示才华,实现创造。

(3)要进一步拓展有效作为。

随着建设新农村的全面推进,广大青年必将迸发热情,为我们共同的目标积极作为,奋发向上。青年要发挥突击队作用,在社会主义新农村建设中发挥排头兵作用,在构建社会主义和谐社会中发挥生力军作用。要把奉献社会作为不懈追求的优良品德。只有勇于担当、甘于奉献,才能真正体验到人生的幸福和快乐,成为品德高尚、精神充实的人。

## 第三节　党的事业与青年关注

胡锦涛在给中国青年群英会的信中表达了对广大团员青年的殷切期望——"理想远大、信念坚定的新一代,品德高尚、意志顽强的新一代,视野开阔、知识丰富的新一代,开拓进取、艰苦创业的新一代"①。

对于青年而言,"四个新一代"堪称成才的标准。其中,理想远大、信念坚定可以说是前提和基础,如果没有远大的理想,没有坚定的信念,青年的发展就会偏离方向。那么,远大的理想和坚定的信念从哪里来呢?

### 一、理想和信念从了解基本国情中来

基本国情,就是一个国家经济社会发展的水平和现实状况,它是执政党制定路线方针政策的客观依据。

在革命时期,我们党面对的最大实际是中国已经沦为一个半殖民地半封建社会的国家,正是由于我们党对这一基本国情作出了正确判断,中国革命才取得了胜利。

在建设和改革时期,我们走中国特色社会主义道路,就是在中国共产党领导下,立足基本国情,以经济建设为中心,坚持四项基本原

———————

① 《全面建设小康社会的历史任务需要青年们奋勇承担 中华民族伟大复兴的光明前景需要青年们奋力开创》,《人民日报》2007 年 5 月 5 日。

则,坚持改革开放,解放和发展社会生产力,巩固和完善社会主义制度,建设社会主义市场经济、社会主义民主政治、社会主义先进文化、社会主义和谐社会,建设富强民主文明和谐的社会主义现代化国家。

当前,我们党面对的最大实际是中国正处于并将长期处于社会主义初级阶段,正是由于我们党对这一基本国情作出了正确判断,中国特色社会主义才得以逐步完善并不断发展。

新世纪新阶段,我国经济社会发展取得了举世瞩目的巨大成就,但社会主义初级阶段的基本国情并没有变。认清社会主义初级阶段基本国情,把它作为推进改革、谋划发展的根本依据,是我们不断发展中国特色社会主义、实现中华民族伟大复兴的重要前提。

作为青年,认清社会主义初级阶段基本国情,不是要妄自菲薄、自甘落后,也不是要脱离实际、急于求成。而是要发挥主观能动性,把握发展规律性,始终坚持从基本国情出发,充分发挥党的坚强领导的优势、社会主义制度的优势、人民群众拥护和支持的优势等,不脱离实际、不急于求成,逐步摆脱不发达状态,改变落后、赶超先进,不断推动社会发展进步。要把它作为推进改革、谋划发展的根本依据,澄清各种模糊认识,真正搞懂为什么现阶段我们必须坚持党在社会主义初级阶段的基本理论和路线方针政策,而不是采用别的什么理论和路线方针政策才能解放思想、实事求是、与时俱进,不为任何风险所惧,不被任何干扰所惑,不断开创改革发展新局面,夺取全面建设小康社会新胜利。

## 二、理想和信念从认清时代特征中来

从国内形势来看,本世纪头 20 年是我国发展的重要战略机遇期。这个时期,既是黄金发展期,也是矛盾多发期。随着改革开放和社会主义市场经济的深入发展,我国经济体制深刻变革、社会结构深刻变动、利益格局深刻调整、思想观念深刻变化,尤其是社会思想日益多样化。如果将今天的中国与 30 年前的中国相比较,社会生活和社会思想的巨大变化让很多人有恍如隔世的感觉。

从根本上说,社会思想的多样化符合人类社会发展进步的趋势,但是,共同的思想基础是一个党、一个国家、一个民族赖以存在和发展的根本前提。邓小平曾指出:"我们这么大一个国家,怎样才能团结起来、组织起来呢?一靠理想,二靠纪律。组织起来就有力量。没有理想,没有纪律,就会像旧中国那样一盘散沙,那我们的革命怎么能够成功?我们的建设怎么能够成功?"①

从国际上看,当今世界正处在大发展大变革大调整时期,后金融危机时代的中国成为世界发展重要的亮点和焦点。但是,中国的发展带来的不只是掌声,也招来了很多猜疑甚至是敌视的声音,国外一些希望遏制中国发展和崛起的势力与我争夺青年的斗争非但没有减弱反而更加激烈。一些敌对势力在我们青年中不断加强渗透,制造思想混乱,积极培养"代理人",妄图煽起"颜色革命"。

此外,以互联网、手机为核心的信息化革命在促进全球经济一体化的同时,也为国外敌对分子针对青年开展思想渗透活动打开了方便之门,网络正在成为展示世界主要国家和形形色色的主义、思潮及价值观念宣传、交流、碰撞的主要平台,使国际间的意识形态斗争更具有短兵相接的特点。

当代青年成长在这样一个复杂的社会环境和网络环境中,思想观念、价值取向和行为方式都必然会受到日益深刻的影响。但唯有认清时代特征,把握发展潮流,方能在时代发展的滚滚大潮中做到"弄潮儿向潮头立,手把红旗旗不湿"。

### 三、理想和信念从学习科学理论中来

从人的成长发展的普遍性来看,如若缺乏科学的理论和价值体系的指引,人的成长发展就容易缺乏精神动力、迷失前进方向。从历史经验来看,青年的健康成长离不开党的关怀和培养。从现实情况来看,改革开放三十年来,青年人的思想意识发生了很大变化,展现

---

① 《邓小平文选》第3卷,人民出版社1993年版,第111页。

了一些新特点、新诉求。

中国社会科学院房宁研究员进行了深入的研究,他认为,当代青年的个性特征整体上是积极的,主要体现在三个方面:一是独立性、自主意识得到增强;二是形成了个性化、进取性的道德意识;三是权利意识普遍增强,进而追求个人自由、社会平等公正等。同时,消极的方面也很明显:一是出现了个人主义倾向,道德水准后退;二是功利主义膨胀,理想主义下降,过分务实,过分追求功利;三是依赖心理、享乐倾向比较严重。①

团中央 2008 年底在全国高校一万名青年学生中开展的问卷调查显示,当代青年的思想政治状况的主流是积极向上的,但多样性、独立性、差异性日益明显,实用主义、相对主义、功利主义、个人主义、拜金主义、消费主义等对青年的世界观、价值观正在形成巨大冲击。

广大青年学习科学理论就是要在思想有模糊认识、有困惑疑难的时候能得到正确理论的引导,树立理想信念坚定的榜样和标杆,使青年一代更好地健康成长。

### 四、扎根基层,奉献农村

2008 年 12 月 22 日,蔡进城作为福建省大学生村官唯一一代表,到中南海参加全国大学生村官代表座谈会,受到中央政治局常委、国家副主席习近平等中央领导同志的亲切接见,近距离地聆听习副主席关于努力使大学生村官"下得去、待得住、干得好、流得动"的重要指示,受到了极大的鼓舞和鞭策,更加坚定扎根基层、奉献农村的信念。

1. 贴近农村,熟悉干部熟悉群众

(1)贴近干部。

刚到村里时,村干部没有安排小蔡做具体工作,开始他也觉得村

---

① 房宁:《青年爱国主义的新特点与青年工作——以爱国主义为核心:对当代青年思想观念变化的考察》,《中国青年研究》2009 年第 1 期。

里可能没多少事。但看到村支书和村主任忙碌的身影,他很快明白,村里事情很多,只是村干部对他不熟悉,还不敢把工作放心交给他。不能守得云开见月明,而是要拨云见日,主动贴近村干部。于是小蔡经常到村干部家串门,跟他们聊天,和他们交朋友,与他们建立

蔡进城在全国大学生村
官代表座谈会上发言

了比较深厚的感情。很快,村干部的不理解和不信任在彼此的交流中慢慢消除了,慢慢地,他们觉得这个小伙子不错,现在很多重要的事都放心地交给他去办。2009年4月22日,村支书组织村两委13个人到小蔡家探访慰问,让小蔡很感动,因为他们是真心地把他当朋友。

(2)贴近群众。

驻村的日子,知识分子的光环曾经成为小蔡与村民们沟通的一道障碍。明白了"牢骚太盛防肠断,风物常宜放眼量"的道理,为了尽快熟悉农民、融入农村,得到农民的接受和肯定,小蔡把溪坂村当成自己的家,把溪坂村的每一个村民当成自己的亲人;他努力学习群众语言,保持着装朴素大方,深入田间原野,深入平常百姓家;采取抓两头、带中间的办法,重点走访村里的经济能人,他们见识比较广、视野比较开阔,对村里的发展有自己独特的见解,从他们那里寻找一些村里的发展思路;经常走访孤寡老人、留守儿童、五保户等困难群体,他们是村里不稳定不和谐因素的源头,关心群众的疾苦,就有利于维护村里的稳定。

通过跟村民的接触和进一步的交流,小蔡不仅掌握了村里人口的基本情况,熟悉了村里党员的基本情况,了解了村里的风俗习惯,还与村民增进了了解、加深了感情,现在村民都亲切地叫他"小蔡",还经常留他在他们家吃饭。

在去年的年终考评上,43名村民代表、党员、群众及驻村干部投

了他41张不记名优秀票,2张称职票,那一刻,小蔡知道,他抓住了村民的心。

(3)贴近生产。

花卉是村里的支柱产业,87%的村民从事花卉苗木生产经营。为了掌握花卉产业的基本情况,小蔡经常走进田间地头帮助花农浇花、修剪苗木。此外,他还利用村里花卉苗木的品种、技术、市场优势,在老家地租和劳动力比较便宜的村里承包了十亩土地,种植三种花卉苗木,带动当地的村民发展花卉种植,拓宽致富渠道。

小蔡意识到,作为大学生村官,应该把目光放远一点,把思路拓宽一点;想要带领村民创业致富,自己要先创业致富;不仅仅要帮助本村的村民创业致富,还要善于总结好农村发展经验,并把好的经验推广到其他村,帮助更多的农民走上致富的道路。

2. 融入农村,先当村民后当村官

(1)思想上融入。

刚到村里的时候,很多村民都带着异样的眼光看小蔡,认为一个研究生跑到农村来干什么!是不是在城里找不到工作,肯定吃不了苦,肯定坚持不了几天,甚至有的村民半开玩笑地对他说:"你的名字都叫进城了,怎么回农村了?"

小蔡认为村民还没接纳他。而要让村民改变看法,就得先调整心态,改变自己。褪去象牙塔的稚气,放下天之骄子的高傲,捂平挥斥方遒的轻飘,击碎所有的自命不凡和优越感,小蔡放下架子,俯下身子,踏踏实实投身农村基层,先当农民后当村官。

(2)感情上融入。

在福建闽南地区,老百姓平时都讲闽南话,甚至村两委开会也讲闽南话。小蔡原以为自己是闽南人,语言关肯定没问题了,没想到遇到尴尬的事情。第一次开村两委会,村两委都很流利地用闽南语发言,轮到小蔡发言的时候,像"科学发展观、十七届三中全会"之类的新词语,小蔡一下子不知道怎么用闽南语表达,所以发言一半闽南话一半普通话,村民听了都在笑。为了尽快地达到与村民有共同的语言习惯,小蔡晚上经常躲在宿舍里偷偷地用闽南话念报纸,听闽南语频道的新闻联播。闽南话讲好了,与村民的感情一下子就拉近了。

(3)行动上融入。

行动是最大的号召力。

到村里还不到半个月的时候,市里规划国道要拓宽,国道两旁两米以内村民种植的花卉苗木全部要搬迁。这样一来,村民就失去了部分种植花卉的土地,苗木搬迁则"伤筋动骨"。所以尽管前期做了大量的宣传工作,也制订了补偿办法,但村民的意见还是很大,都拖着不肯搬,而施工机器一旦过来,那些苗木就要全部被压死。

为了不让村民辛辛苦苦种植的苗木被活活压死,小蔡主动到地里帮村民把花卉苗木搬到安全地带。一个上午下来,小蔡的手臂、膝盖处处都是渗血的刺伤。村民感动了,他们也行动起来,仅一天的时间就全部搬迁完毕。八月的太阳非常热辣,手臂被晒得脱了皮,但小蔡仍然很开心、很欣慰,因为村民们从此不再认为他是花瓶,吃不了苦。

**3. 服务农村,赢得信任赢得地位**

(1)要善当"扩音器"。

作为村官,要善于把党惠农富民的政策宣传到农民的心坎上、心窝里。

小蔡利用晚上的时间走进农民家里,在村民们比较集中的小卖部、庙口与村民们闲聊,宣传党的各种方针政策。特别是学习实践科学发展观活动开展以来,结合十七届四中全会精神,在书记的支持下,小蔡组织村两委、党员进行理论学习,利用晚上的时间,每周一次,每次学习一个半小时,让党员、村两委带头学习,用科学的理论武装干部。

(2)要甘当"服务器"。

花卉是村民的主要经济收入,但是市场渠道很狭窄,销路不好,特别是受金融危机影响,村里的花卉产业销量一直不高。小蔡是福建农林大学毕业的,懂得农产品营销策略,他为村里建立起一个网站,将村民的花卉苗木品种进行归类,拿着相机把花卉拍下,然后将制作成的图文信息和花农的联系方式一起上传到网站上。开始时村民不大理解,可过了一段时间,有村民跟他说经常接到外地客户的求购电话,现在有的村民开始主动找他帮忙。

此外,小蔡向书记建议,请一些福建农林大学、漳州市农业局的专家,给花农授课培训,传授栽培修剪技术、生产管理知识,到现在已经培训了两期,培训花农 100 余人次,特别是花卉修剪技术方面的知识,受到村民的热烈欢迎。在帮助村民的同时,小蔡也感受到学以致用的快乐,也体会到服务农民、有所作为的乐趣和自豪感。

(3)要勇当"助推器"。

按照抓好党建促经济的思路,小蔡主动与母校福建农林大学联系,以开展共建为突破口,促进院村合作,实现多方共赢。

2009 年 7 月 8 日,福建农林大学作物学院的院长、党委副书记和一个博士团到村里,举行了作物学院教工党支部和溪坂村党支部共建合作签约仪式。通过共建,作物学院在溪坂村设立了全省第一个村级教学实践基地,为村里捐赠了 2000 多册图书,还计划每年到溪坂村举办两次培训班。目前正在探讨新技术、新品种等项目的对接,以便更好地发挥高等农业院校科技和人才方面的优势,做大做强花卉产业,促进溪坂村花卉产业又好又快发展。

每个大学生村官都是撒入农村大地上的一颗种子,农村这片广袤的土地是青年最大最好的成长舞台。作为大学生村官,岗位虽然平凡,但不能没有作为;生活虽然平淡,但不能没有激情;工作虽然平常,但不能没有责任感。只要青年摆正心态、主动融入、发挥专长、积极作为,就能在农村这片广阔的土地上建功立业。

# 第3章

## 中国共产党章程

《中国共产党章程》(简称党章)是把握党的正确政治方向的根本准则,是坚持从严治党方针的根本依据,是党员加强党性修养的根本标准。学习党章、遵守党章、贯彻党章、维护党章,是全党的重大任务。

广大青年只有熟悉党章的主要内容和基本观点,掌握党章的精神实质,才能更好地以党员标准要求自己,坚定理想信念,加强道德修养,在思想上、政治上、组织上和行动上更加符合党章要求,更好更快地向党组织靠拢。

## 第一节　党章是什么

人们常说,"没有规矩,不成方圆"。国有国法,党有党规。一个组织要实现正常运转,也必须有自己的规矩。对于我们党来说,这个规矩就是《中国共产党章程》,它是中国共产党的"根本大法",是党的最高行为规范,是党内政治生活和党内关系的基本准则。

### 一、党章的概念

政党作为有明确目标的、特殊的社会组织,必须制定自己的章程。党章是党的章程的简称,它是政党内部最基本和最高的政治行为规范,是一个政党的政治态度和组织形态的集中

《中国共产党章程》

体现,是完备的政党组织所不可缺少的。世界上 5000 多个政党,一般都有自己的党章。

《中国共产党章程》,是中国共产党为实现党的纲领所制定的根本法规,是党的各级组织和全体党员必须严格遵守的基本准则和规定。

### 二、党的"根本大法"

中国共产党的党章是建立在马克思主义建党学说的基础之上的,是党的组织统一、思想和行动一致的重要保证,也是党存在、发展和夺取胜利的一个基本条件。

党章明确规定党的性质、指导思想、纲领、路线、组织原则和组织机构、党员的权利和义务以及党的纪律等等,并根据不同时期的具体情况,对于党的有关政治、思想、组织等方面的一些基本问题作出明确的规定。

党章是党的活动和自身建设的一个基本依据,是党的各级组织和全体党员必须遵守的基本准则和规定。

1. 党内的基本法

从内容看,党章与党内其他法规制度不同。它所规定的内容都是党内生活中最重大最根本的问题。在效力上,党章与党内一般法规制度不同。党章是制定党内其他行为规范的基础和依据,党内其他法规必须以党章为依据。

党章的性质、内容和产生程序决定了党章在党内生活中具有非常重要的地位及作用。党章在党的生活中的地位,犹如宪法在国家中的地位一样至高无上,具有最大的权威性和最高的法律效力。党章所具有的这些特性决定了它必然能够成为党的"根本大法"。

(1)党章是党的整体意志的体现。

党章内容包括党的活动和党的建设的基本规定,代表了全党的最高利益和最大利益,是这些利益的集中体现,实际上也集中了全党的意志、信念和愿望。它是在充分发扬民主、广泛征求意见的基础上,反映广大党员的愿望,集中成为全党的整体意志,并按照严格的特定程序和原则,由党的全国代表大会制定和修改,以正式的法规条文的形式科学地表述出来。

(2)党章是党内的普遍行为规范。

党内有大量的人与人的关系问题,有复杂的行使权利和承担义务的问题。像整个社会需要确立法律规范一样,在党的内部为了维护正常的活动秩序,正确调整党内关系,也需要确定一种适用于所有党员的普遍行为规范,以指导和约束党员的行为。党章就是这种规范的根本体现,它的适用范围是普遍的。所有党的组织、所有党员,都要毫无例外地遵守和执行党章。

党章的调整对象是普遍的。党内其他法规制度所调整的仅是有关党内生活某一方面的关系,而党章所调整的是一切党内关系,是党内政治生活和党内关系的基本准则。

(3)党章是具有最高权威的党内法规。

党内法规包含许多种类,适应不同层次、不同范围、不同对象,都有相应的规则、规章、条例、制度。但是,党章却是具有最高权威的党内法规,或者称为"党内的基本法"。

党章与其他党内法规是"母法"与"子法"的关系,所有的其他法规,都是它的延伸或补充,同时必须服从或从属于党章。

总而言之,党章是调整党内关系的根本大法,也是维护党内民主的基本准则;是执行党的纪律的依据,也是保持党的纯洁性的有力武器;是统一全党思想和行动的基础,也是衡量党的建设水平的标尺。

2. 党章的作用

简单来讲,党章的作用是保证全党在思想上、政治上、组织上、作风上、行动上的一致,从而实现党的政治路线、现阶段目标和为党的最终目标共产主义而奋斗。

### 三、党章的结构内容

中国共产党现行党章于中国共产党第十七次全国代表大会部分

修改,于 2007 年 10 月 21 日通过。

党的十七大通过的新党章,除"总纲"外共十一章,五十三条。规定了党的纲领、组织机构、组织制度、党员的条件、党员的义务和权利、党的纪律等项。

1. 总纲

党章总纲是党章的组成部分,是党章的前提和总则,即纲领、要领。党章的总纲,是党的最基本的政治纲领和组织纲领。

总纲规定了中国共产党的性质、最终目标;规定了中国共产党的行动指南;概括和总结了社会发展规律、中国的发展经验及其基本要求。

2. 第一章到第十一章

第一章"党员",规定了什么是党员、党员的义务和权利、党员的发展程序、入党誓词等内容。

第二章"党的组织制度",规定了什么是党的组织制度、组织制度的具体内容等。

第三章"党的中央组织",规定了什么是党的中央组织、全国代表大会与全国代表会议的区别等内容。

第四章"党的地方组织",规定了什么是党的地方组织、党的地方组织与党的地区委员会等内容。

第五章"党的基层组织",规定了什么是党的基层组织、基层组织组建、任期、基本任务等内容。

第六章"党的干部",规定了党的干部及其本质、对干部的本质、选拔任用标准、程序、干部应具备的基本条件等问题的规定等内容。

第七章"党的纪律",规定了什么是党的纪律、对违纪党员的处分的种类、处理程序的规定等内容。

第八章"党的纪律检查机关",规定了什么是党的纪律检查机关、对纪检机关的设置、任务及上级与下级纪检机关的关系等的规定等内容。

第九章"党组",规定了什么是党组、党组的特点等内容。

第十章"党和共产主义青年团的关系",规定了共青团组织的性质、党与共青团的关系等内容。

第十一章"党徽党旗",规定了党徽党旗的颜色、图案、性质及使用要求等内容。

## 第二节　党的十七大与现行党章

### 一、为什么要修改党章

党章的内容,随着形势的发展、任务的变化、工作的需要和党员的情况,定期进行修改。党的十七大根据形势和任务的发展变化,根据党章要体现党的理论创新和实践发展的新成果,对党章进行适当修改,有利于全党更好地学习和遵守,更好地把中国特色社会主义伟大事业和党的建设新的伟大工程推向前进。

### 二、党的十七大修改党章遵循的原则

党的十七大修改党章遵循的原则是:

一是坚持以马克思列宁主义、毛泽东思想、邓小平理论和"三个代表"重要思想为指导,体现科学发展观等党的十六大以来党中央提出的一系列重大战略思想,把党的十七大报告确立的重大理论观点、重大战略思想、重大工作部署写入党章。

二是坚持发扬党内民主,集中全党智慧。

**中国共产党第十七次
全国代表大会会场**

三是保持党章的总体稳定,只修改那些必须改的、在党内已经形成共识的内容,努力使修改后的党章充分体现马克思主义中国化最新成果,充分体现党的工作和党的建设的新鲜经

验,以适应新形势新任务对党的工作和党的建设提出的新要求。

### 三、党的十七大通过的党章的七大重要特点

1. 科学发展观写入党章。

2. 中国特色社会主义道路和理论体系写入党章。

3. 奋斗目标新表述写入党章。

党章把党的基本路线中的奋斗目标表述为"把我国建设成为富强民主文明和谐的社会主义现代化国家"。"和谐"一词首次出现在我党的奋斗目标里。

4. 社会主义事业总体布局更加完善。

一是形成了"经济建设、政治建设、文化建设和社会建设"四位一体的总体布局。

二是确立构建社会主义和谐社会的理想。

三是提出了建设创新型国家的思路。

四是强调要建设社会主义新农村。

五是强调要建设资源节约型、环境友好社会。

5. 党在领导军队建设、民族工作、宗教工作、统战工作、外交工作等方面形成的方针政策写入党章。首次提出"和谐世界"的理念。

6. 党的建设方面取得的重大认识和成果写入党章。

一是要不断加强党的执政能力建设和先进性建设。

二是要以改革创新的精神全面推进党的建设新的伟大工程。

三是要坚持立党为公、执政为民。

四是要做到科学执政、民主执政、依法执政。

五是要不断推进马克思主义中国化。

六是要坚持权为民所用、情为民所系、利为民所谋。

七是要切实保障党员民主权利。

八是要坚持标本兼治、综合治理、惩防并举、注重预防的方针,建立健全惩治和预防腐败体系。

7. 党内民主建设的一些成熟制度写入党章,推进了党的制度建设的改革创新。

四项制度:

一是按规定实行党务公开制度;

二是党的代表大会代表任期制度;

三是实行二级巡视制度;

四是常委会接受全委会监督制度。

### 四、党的十七大党章新增的重要内容

1. 新增加一段论述,阐明科学发展观的历史背景、主要内容、定位和指导作用。

在党的十七大报告中,胡锦涛对科学发展观的内容做了新的界定:"科学发展观,第一要义是发展,核心是以人为本,基本要求是全面协调可持续,根本方法是统筹兼顾。"

十七大通过的党章修正案,在党章总纲中增加了一段重要论述:十六大以来,党中央坚持以邓小平理论和"三个代表"重要思想为指导,根据新的发展要求,集中全党智慧,提出了以人为本、全面协调可持续发展的科学发展观。科学发展观是同马克思列宁主义、毛泽东思想,邓小平理论和"三个代表"重要思想既一脉相承又与时俱进的科学理论,是我国经济社会发展的重要指导方针,是发展中国特色社会主义必须坚持和贯彻的重大战略思想。

2. 对中国特色社会主义作出精辟概括。

改革开放以来我们取得一切成绩和进步的根本原因,归结起来就是:开辟了中国特色社会主义道路,形成了中国特色社会主义理论体系。

3. 丰富了党的基本路线和基本纲领。

把党的基本路线中的奋斗目标表述为:"把我国建设成为富强民主文明和谐的社会主义现代化国家。"

4. 完善了中国特色社会主义事业的总体布局,具体阐述了

"四个建设"的新思路和新方针。必须按照中国特色社会主义事业总体布局,全面推进经济建设、政治建设、文化建设、社会建设。

经济建设:中国共产党领导人民发展社会主义市场经济。①

政治建设:中国共产党领导人民发展社会主义民主政治。

文化建设:中国共产党领导人民发展社会主义先进文化。

社会建设:中国共产党领导人民构建社会主义和谐社会。

5. 把党的一系列对内对外重大方针政策写入党章。

6. 写入了我们党在加强自身建设方面取得的重大认识和成果。

着力加强党的执政能力建设和先进性建设,以改革创新精神全面推进党的建设新的伟大工程,坚持立党为公、执政为民,做到科学执政、民主执政、依法执政,不断推进马克思主义中国化,坚持权为民所用、情为民所系、利为民所谋,保障党员民主权利,坚持标本兼治、综合治理、惩防并举、注重预防的方针,建立健全惩治和预防腐败体系。

7. 更加突出制度建设。

规定了党的各级组织要规定实行党务公开,党的各级代表大会代表实行任期制,党的中央和省、自治区、直辖市委员会实行巡视制度,中央政治局向中央委员会全体会议报告工作、接受监督,党的地方各级委员会的常务委员会定期向委员会全体会议报告工作、接受监督。

8. 对党员和党员领导干部提出更高要求。

9. 对党的基层组织建设提出新要求。

---

① 胡锦涛:《在中共中央举办的省部级主要领导干部提高构建社会主义和谐社会能力专题研讨班开班式上的讲话》,2005 年 2 月 19 日。

## 第二节　青年如何学习党章

### 一、学习党章的意义

1. 学习党章有助于青年更好地理解、掌握马克思列宁主义、毛泽东思想、邓小平理论、"三个代表"重要思想和科学发展观的建党学说

党章是党的重要文献之一，当然也体现马克思主义特别是党的学说。制定党章的过程，就是总结党的建设经验，进行巨大的理论创造的过程。因此，党章本身就是用高度精练、准确和论断性的语言表述马克思列宁主义、毛泽东思想、邓小平理论和"三个代表"重要思想关于党的学说的基本原理，并且构成一个科学体系。尽管党章的篇幅有限，但讲的都是党的建设最基本的问题。

2. 学习党章有助于青年进一步了解中国共产党

中国共产党从诞生到现在，共召开了十七次全国代表大会，除五大由政治局会议决议补充、修正党章外，每一次全国代表大会都制定或修改了党章。党章的发展过程反映了中国革命和建设事业同党的建设发展的过程。中国革命和建设事业同党的建设发展的道路的曲折发展，必然要反映到党的最高行为规范——党章上。党章像一面镜子，集中反映了中国共产党建设和发展的状况。

通过对党章的深入学习，可以进一步了解中国共产党的发展历史，领悟中国共产党的伟大功绩，进一步坚定青年热爱和追求中国共产党的信念。

3. 学习党章有助于青年明确具备什么条件才能入党

党章中不仅规定了中国共产党的性质、宗旨、任务等，还从党员条件、党的组织、党的纪律等方面做了具体的规定。对于有志于加入中国共产党的青年来说，学习党章是入党前的一个很重要的内容。

在党章的第一章"党员"部分，就明确规定了入党条件、党员义

务、党员权利、入党誓词、入党程序、要求等内容。

青年通过学习,有助于更加明确自己的入党动机、入党条件,准确把握入党程序、入党要求,坚定自己的努力方向,为今后成长为一名合格、乃至优秀的共产党员打下良好的基础。

4. 学习党章有助于提高执行党章的自觉性和坚定性

理论是行动的先导。通过深入学习,充分认识党章的正确性和重要性,就能够不断提高贯彻执行党章的自觉性和坚定性。这是每一个共产党员义不容辞的责任,也是每一个党员党性的具体体现。

## 二、学习党章的基本方法

坚持用历史唯物主义和辩证唯物主义的观点学习党章。

1. 要读原文,系统地理解党章的内涵

读名著,要读原文。学党章,也要读原文。回归到党章的原文中,花工夫学习党章中的内容,联系党的发展历史,逐字逐句理解其内涵,真正认识党、了解党,明确自己的努力方向,把入党目的建立在较为扎实的理论基础上,树立正确的入党动机,才能在思想上行动上与党保持一致。

2. 要把握学习的重点章节、内容

学党章,要学会抓重点、要点。党章除"总纲"外,共十一章,五十三条。对于我们青年来说,党章中的"总纲"、第一章"党员"、第二章"党的组织制度"、第三章"党的中央组织"、第五章"党的基层组织"、第七章"党的纪律"、第十章"党和共产主义青年团的关系"、第十一章"党徽党旗"是必须要重点学习和把握的内容。

3. 要理论联系实际

学了理论,要学会运用理论。党的历史上的任何一部党章,都是革命发展和党的建设一定阶段上的产物,都是同党当时的政治、思想和组织状况,同党和革命的全局紧密联系着的。可以说,党章像一面镜子,集中反映了中国共产党建设和发展的状况。

学习党章,要理论联系实际,深刻理解中国共产党的发展历程,将自己的学习、生活实际结合到学习党章的过程中,将党章规范作为自己思想、行动的准则,争取做一名合格的共产党员。

### 三、学习党章的注意事项

1. 要学习最新党章,切忌网上随意摘抄。

2. 要注意把握中国共产党两个"先锋队"的性质。中国共产党是中国工人阶级的先锋队,同时是中国人民和中华民族的先锋队,是中国特色社会主义事业的领导核心。

3. 要注意把握"三个代表"重要思想的科学内涵。中国共产党始终代表中国先进生产力的发展要求,代表中国先进文化的前进方向,代表中国最广大人民的根本利益。

4. 要注意把握改革开放以来我们取得一切成绩和进步的根本原因。改革开放以来我们取得一切成绩和进步的根本原因,归结起来就是:开辟了中国特色社会主义道路,形成了中国特色社会主义理论体系。

5. 要注意把握我国的四项基本原则。坚持社会主义道路、坚持人民民主专政、坚持中国共产党的领导、坚持马克思列宁主义毛泽东思想这四项基本原则,是我们的立国之本。

6. 要注意把握社会主义核心价值体系的基本内容。马克思主义指导思想,中国特色社会主义共同理想,以爱国主义为核心的民族精神和以改革创新为核心的时代精神,社会主义荣辱观,构成社会主义核心价值体系的基本内容。

7. 要注意把握社会主义和谐社会的总要求,即:民主法治、公平正义、诚信友爱、充满活力、安定有序、人与自然和谐相处。

8. 要注意把握中国共产党的根本组织原则。民主集中制是中国共产党的根本组织原则。

9. 要把握申请入党的基本条件。年满十八岁的中国工人、农民、军人、知识分子和其他社会阶层的先进分子,承认党的纲领和章程,愿意参加党的一个组织并在其中积极工作、执行党的决议和按期缴纳党费的,可以申请加入中国共产党。

10. 要注意把握预备党员和正式党员在义务、权利上的区别。预备党员的义务同正式党员一样。预备党员的权利,除了没有表决权、选举权和被选举权以外,也同正式党员一样。

11. 要注意把握党员的义务、权利。

12. 要注意把握预备党员的预备期和党员的党龄的计算方法。预备党员的预备期,从支部大会通过他为预备党员之日算起。党员的党龄,从预备期满转为正式党员之日算起。

13. 要注意把握中国共产党的党徽、党旗。中国共产党党徽为镰刀和锤头组成的图案。中国共产党党旗为旗面缀有金黄色党徽图案的红旗。

### 四、学习党章的具体要求

一是要牢记党的性质、宗旨、指导思想、党的纲领(最高纲领、最低纲领)、党的基本路线、党员条件、党员的权利义务、入党誓词。

二是要正确理解和掌握中国特色社会主义理论、总纲中阐述的大政方针,以及党的组织制度、党的纪律、党徽、党旗等知识。

三是要了解党的组织机构和党内议事程序、规则,了解党章的历史沿革和党章的作用。

1. 要深刻理解中国共产党的性质

中国共产党是中国工人阶级的先锋队,是中国人民和中华民族的先锋队;中国共产党是中国特色社会主义事业的领导核心;中国共产党是"三个代表"的忠实实践者。

2. 要准确把握中国共产党的纲领

中国共产党的最高理想和最终奋斗目标是实现共产主义。

中国共产党在社会主义初级阶段的基本路线是领导和团结全国各族人民,以经济建设为中心,坚持四项基本原则,坚持改革开放,自力更生,艰苦奋斗,为把我国建设成为富强民主文明和谐的社会主义现代化国家而奋斗。

中国共产党在社会主义初级阶段的基本纲领是发展中国特色社会主义的经济、政治、文化、社会的基本目标和基本政策。

中国共产党在现阶段的基本任务是全面建设小康社会,推进社会主义现代化建设。

3. 要科学理解中国共产党的指导思想

中国共产党的指导思想是马克思列宁主义、毛泽东思想、邓小平理论和"三个代表"重要思想,科学发展观是发展中国特色社会主义必须坚持和贯彻的重大战略思想。

4. 要努力践行中国共产党的根本宗旨

中国共产党的宗旨是全心全意为人民服务。党的宗旨是先进性的体现和行动的着眼点,发展社会主义经济必须坚持党的宗旨,坚持党的宗旨必须发扬党的优良传统和作风。

5. 要充分理解中国共产党的组织原则

中国共产党的组织原则是民主集中制,是民主与集中相结合的制度,是民主与集中的辩证统一。

6. 要严格遵守中国共产党的纪律

明确党的纪律的内容和特点,掌握在工作实践中坚持党的纪律需要正确处理的几个关系。

7. 要明确中国共产党党员的条件、权利和义务

要明确中国共产党党员的基本条件,以此为标准严格要求自己,争取早日加入中国共产党;要明确党员的权利和义务,认真履行义务,正确行使权利。

8. 要端正入党动机,明确入党方针与程序

争取入党必须要端正入党动机,按照党员标准严格要求自己,自觉接受党组织的培养、教育和考察。

# 第4章

## 端正入党动机

当前,越来越多的青年都具有要求入党的共同愿望,但是,动机却是多种多样的。

为什么入党? 这是每一名要求入党的青年必须面对的严肃问题。自觉端正入党动机,对入党积极分子具有重要的意义。

## 第一节　什么是入党动机

### 一、入党动机的含义

动机是推动人从事某种行为的念头。我们通常说:"行为之后必有原因",这个原因指的就是个人的行为动机。它是直接推动一个人进行活动,达到一定目的的内部动因或动力。人的动机指导着人的行为,有什么样的动机就会有什么样的行为表现。

所谓入党动机,简单地说就是为什么加入党组织,是一个人要求入党的内在原因,是推动人们争取入党的精神力量。人的行动是受一定思想支配的,要求入党的人,总有一定的原因和预期的目的,这个目的就是入党动机。原因和预期目的不同,入党动机也不尽相同。

入党动机是每一名共产党员在入党前和入党后都要深深思考的问题,因为共产党员不仅要在组织上入党,更要从思想上入党。正确的入党动机是思想上入党的根本问题,是激励人们入党的主观原因,它从根本上决定了每个党员的素质和行为,是共产党员的世界观、人生观的集中反映。

## 二、什么是正确的入党动机

在现实生活中,要求入党者的入党动机可能多种多样,但正确的入党动机是唯一的,即坚定地信仰共产主义,为实现共产主义事业、全心全意为人民服务而入党。这与党的性质、宗旨、奋斗目标和党员条件是一致的。

正确的入党动机应该包含以下三层意思:

1. 对人类社会发展规律有正确的认识,坚信共产主义一定会实现

"英特纳雄耐尔(国际共产主义理想)就一定要实现!"(鲍狄埃《国际歌》)这是一个划时代的呐喊。

具有正确入党动机的人,在对人类社会发展的客观规律认真分析的基础上,坚信共产主义一定会实现,有为共产主义和中国特色社会主义事业奋斗终生的坚定信念。

党章明确规定,党的最高理想和最终目标是实现共产主义。

共产主义社会,将是物质财富极大丰富,人民精神境界极大提高,每个人自由而全面发展的社会。这种理想社会不是凭空捏造的,而是马克思恩格斯在深刻分析资本主义社会的基本矛盾和人类社会发展的客观规律的基础上得出的科学结论。

我们党自诞生之日起,就是以实现共产主义为最终奋斗目标的。我们现在的努力以及将来多少代人的持续努力,都是朝着这个目标前进的。这个崇高而美好的理想,无论是过去、现在还是将来,无论是革命时期、建设时期和改革开放时期,都是党员和要求入党同志的力量源泉和精神支柱。如果动摇了这个理想信念,也就动摇了共产党人的根本政治立场。

同时我们必须看到,实现共产主义是一个非常漫长的历史过程。中国共产党追求的共产主义最高理想,只有在社会主义充分发展和高度发达的基础上才能实现。全面建设小康社会,加快推进社会主义现代化是实现共产主义的必经阶段,是我国现阶段的奋斗目标。

如果对这个现实目标不忠诚、不热忱,那就是有意无意地背离党的最高纲领,就不是自觉的共产主义战士。

所以,要求入党的同志首先要树立共产主义远大理想和中国特色社会主义坚定信念,在任何情况下都能做到毫不动摇。只要有了这样的理想信念,就有了立身之本,站得就高了,眼界就宽了,心胸就开阔了,对个人名利得失看得就淡了,就能够自觉地、满腔热情地为党的事业而奋斗。

2. 对中国共产党有正确的认识,认定只有中国共产党才能领导我们实现中华民族的伟大复兴

风雨兼程,中国共产党走过了九十年坎坷而辉煌的道路,从一个只有 50 多人的党发展为拥有 8000 多万名党员、执政六十年的世界最大政党。党自诞生之日起就勇敢担当起带领中国人民创造幸福生活、实现中华民族伟大复兴的历史使命。

以毛泽东为核心的党的第一代中央领导集体,创立了毛泽东思想,带领全党全国各族人民建立了新中国,取得了社会主义革命和建设伟大成就,为当代中国一切发展进步奠定了根本政治前提和制度基础。

以邓小平为核心的党的第二代中央领导集体坚持解放思想、实事求是,确立了社会主义初级阶段基本路线,吹响了走自己的路、建设中国特色社会主义的时代号角,创立了邓小平理论,指引全党全国各族人民在改革开放的伟大征程上阔步前进。

以江泽民为核心的党的第三代中央领导集体,高举邓小平理论伟大旗帜,坚持改革开放、与时俱进,创立了"三个代表"重要思想,继续引领改革开放的航船沿着正确方向破浪前进。

以胡锦涛为总书记的党中央,以邓小平理论和"三个代表"重要思想为指导,顺应国内外形势发展变化,抓住重要战略机遇期,发扬求真务实、开拓进取精神,坚持理论创新和实践创新,提出了科学发展观等一系列战略思想,着力推动科学发展、促进社会和谐,完善社会主义市场经济体制,在全面建设小康社会实践中坚定不移地把改

革开放伟大事业继续推向前进。

历史证明：没有共产党就没有新中国，只有中国共产党才能领导中国人民建立社会主义制度，只有社会主义才能救中国、发展中国，只有坚持走中国特色社会主义道路才能实现中华民族的伟大复兴。

中国共产党经过革命和建设时期的千锤百炼，具有强大的战斗力、凝聚力和吸引力。广大青年从直接和间接的体验中，认识到只有社会主义才能救中国和发展中国，只有共产党才能领导中国人民坚持社会主义和胜利地实践社会主义。有理想、有抱负、愿意为实现中国民族的伟大复兴而奋斗的先进青年只有加入中国共产党，才能更好地发挥自己的力量，才能有更大的作为。

3. 对自己的人生理想和追求有正确的认识，选择入党点亮人生

2010 年 8 月 23 日，胡锦涛在致全国青联十一届全委会和全国学联二十五大的贺信中指出："我们国家正处在全面建设小康社会、加快推进社会主义现代化的关键时期。希望广大青年和青年学生自觉担负起时代赋予的光荣使命，以坚定远大的理想励志前行，以孜孜不倦的精神求索新知，以高尚美好的情操培育品德，以锐意创新的激情投身实践，以艰苦扎实的奋斗成就人生，不断创造新的青春业绩，为实现中华民族伟大复兴而奋发努力。"这"五个以"包含了党和国家领导人对广大青年的殷切期望。

青年朋友要把个人信仰同共产主义理想结合起来，把个人前途同国家、民族的前途结合起来，把个人价值同中国特色社会主义伟大事业结合起来，把个人的奋斗融入集体的奋斗之中，在纷繁复杂的社会现实中磨炼意志，砥砺品格，坚定信念，增强党性，在实现中华民族伟大复兴的事业中，充分实现自己的人生价值。

加入中国共产党是许多人孜孜以求的人生理想，也是当代青年实现自我价值的重要途径。中国共产党的历史功勋和共产党人可歌可泣的事迹，深深影响了一代又一代青年。

对青年来讲，入党可以接受党的教育和培养，提升自己的人生境界；入党可以使自己站得更高，看得更远，方向更明，信心更足；入党

可以把自己融入党的队伍,使自己的力量和作用得到放大;入党能够得到党组织的直接帮助和激励,从而更快更好地成长。

当前,越来越多的青年在经过认真的学习和思考后,把加入中国共产党作为自己的政治选择和前进动力,把党的目标当成自己的理想,把党员标准当成完善自身人格的追求,把党的任务当成自己的使命,思想上日趋成熟,人生目标更加明确,实际行动也更加坚定。

## 第二节　为什么要端正入党动机

**一、端正入党动机是实现共产主义社会崇高目标的客观需要**

实现共产主义社会制度是人类最美好的理想。

按照马克思主义社会发展的客观规律,共产主义社会的实现过程有三个基本特点:

一是在时间上有一个漫长的发展过程;

二是发展的道路曲折起伏;

三是必须由有先进理论做指导的无产阶级政党来领导。

很显然,实现共产主义社会不是一代人或几代人一蹴而就的,需要一代代具有共产主义觉悟、坚定信念和献身精神的共产主义战士,去影响和组织人民群众,经历一系列互相衔接的革命阶段和建设阶段,通过艰苦奋斗才能实现的。

共产主义运动的百年历史也充分证明了这一点。从1847年世界上第一个无产阶级政党——共产主义者同盟的诞生,到俄国、中国及亚欧一些国家取得社会主义革命和建设的胜利,无数革命先烈抛头颅,洒热血,前赴后继,为了共产主义的美好理想献出宝贵的生命,社会主义制度在亚非拉各国蓬勃兴起。

但20世纪80年代末90年代初,前苏联解体、东欧剧变,国际共产主义运动遭到严重挫折。在这个历史进程中,只有中国共产党始终高举社会主义大旗,为实现共产主义作出了不懈的努力,领导中国人民完成了反帝反封建的民主主义革命的任务,结束了中国半殖民地半封建社会的历史,消灭了剥削阶级,确立了社会主义制度,并经受住了共产主义运动低潮的种种考验,开创了中国特色社会主义的道路。

实践已经充分证明,共产主义社会制度的实现是一个漫长的历史过程,需要无数具有共产主义觉悟和对共产主义事业执著追求的共产党人的努力奋斗。因此,无产阶级政党要求加入其组织的每一个成员,必须树立正确的入党动机,明确入党目的,坚定共产主义信念,保证共产主义事业后继有人,代代相传。

**二、端正入党动机是保持党的先进性和纯洁性、巩固党的执政地位的现实需要**

1. 党的先进性要靠具有正确入党动机的共产党人来体现

无产阶级政党是无产阶级的先锋队。

无产阶级是人类历史上最革命的阶级,是资本主义的掘墓人,是社会主义、共产主义的创造者,是革命最坚决、最彻底的阶级,也是最有组织性、纪律性、最团结、最有远大前途的阶级。无产阶级政党正是以这个最先进、最革命、最伟大的阶级作为自己的阶级基础,集合了这个阶级最先进的分子作为政党成员。

一方面,从无产阶级整个阶级来讲,是最先进的;另一方面,就无产阶级每一成员来讲,并不都是最先进的,无产阶级政党就是要把无产阶级队伍中的先进分子吸收进来,带领人民群众为实现共产主义而奋斗。

所谓先进分子,就是那些具有科学的世界观,意识到本阶级的阶级地位和历史使命并为之奋斗的人。党如果不吸收这些先进分子,党的先进性就无法体现出来,也就谈不上有战斗力和完成历史使命。

所以,无产阶级政党对其成员的基本要求是要有正确的入党动机,具有共产主义觉悟和无产阶级世界观,在实践中,不惜牺牲个人的一切,全心全意为人民服务,为实现共产主义奋斗终生。

2. 党的纯洁性要靠具有正确入党动机的共产党人来保证

党员是党的肌体的细胞,是党的活动主体。

共产党的领导作用及其伟大目标的实现,不仅取决于党员的数量,更重要的是取决于党员的质量,取决于党员执行党的路线的自觉性和对共产主义事业的忠诚以及其先锋模范作用。因此,要提高党员质量,首先要求入党的同志要树立正确的入党动机。

党的队伍是否纯洁,直接关系到党的凝聚力和战斗力,关系到事业的成败。

保证党员队伍的纯洁性,在一定意义上取决于每一个共产党员的行为,其根源取决于党员是否有正确的入党动机,因为我们的党不是一般的组织、一般的社会团体,而是有伟大理想和高度组织性、纪律性的战斗队伍。

因此,要纯洁党的队伍,就必须严把党员队伍的质量关,从思想入手,从动机抓起,最大限度地防止投机分子和其他不良分子混进党内,确保党的队伍在思想和组织上的纯洁。

对共产党员来讲,坚定的理想信念比生命还重要。崇高的理想信念是共产党人永葆先进性的精神支柱。这方面,老一辈革命家为我们作出了表率。

3. 党的执政地位要靠具有正确入党动机的共产党人来维护

中国共产党领导全国人民经过几十年艰苦奋斗,取得了新民主主义革命的胜利,夺取了政权,成为执政党。

在中央和地方各级领导机关中,绝大多数是共产党员,手中掌握一定权力,能否正确运用手中权力,是对党员干部入党动机的严峻考验。实践证明,能经得起枪林弹雨的洗礼,不一定能经得起糖衣炮弹的侵蚀,很可能被灯红酒绿冲昏了头脑。

共产党员只有树立了正确的入党动机,才能在和平时期保持旺盛的革命斗志、坚定的共产主义信念、全心全意为人民服务的本色,做到立党为公、执政为民,正确运用人民赋予的权力。

如果党员领导干部没有正确的入党动机,信念不坚定,动机不纯正,意志不坚定,就会产生官僚主义和特权思想,追求个人权力,搞特殊化。特别是在改革开放和建设中国特色社会主义过程中,对资产阶级思想和腐朽的生活方式缺乏抵御能力,放松对自己的要求,忘记自己的历史使命,就会以权谋私,走上腐化堕落的道路,从而损害党的威信,破坏党和人民群众的血肉联系,危及党的执政地位。

因此,要求入党的同志和每一个共产党员,都要牢固树立正确的世界观,端正入党动机,牢记历史使命,用实际行动维护执政党的威信,巩固执政党的地位。

### 三、端正入党动机是思想上入党的主要标志

思想上入党,就是指一个人的思想觉悟、政治素质、党性修养和现实表现达到了共产党员的要求。

思想上入党才是真正入党。毛泽东1942年在《在延安文艺座谈会上的讲话》中的一段振聋发聩的论述,清楚地说明了思想入党的极端重要性,同时也说明只有知道什么是无产阶级思想,什么是共产主义,什么是共产党,在思想上入党,才能成为合格的共产党员。

1. 正确的动机是正确行动的精神力量

只有树立了正确的入党动机,才能有持久不衰的动力,认真学习马列主义、毛泽东思想、邓小平理论和"三个代表"重要思想,努力学习实践科学发展观,自觉贯彻执行党的基本路线,把对共产主义事业的忠诚同执行党的基本路线统一起来,在改革开放和现代化建设中积极作出贡献。

只有树立了正确的入党动机,才能在日常工作和生活的各个方面,更加严格要求自己,努力摆正党和人民的利益同个人利益的关系,逐步培养和树立起甘愿"吃亏"、不怕"吃苦"、为人民无私奉献的人生观、价值观。

只有树立了正确的入党动机,才能正确对待争取入党过程中遇到的一些具体问题。当周围的同志比自己先入党的时候,不会沮丧和急

躁,而是加倍努力;当接受考验的时间较长时,不会自暴自弃,怨天尤人,而是找出不足,迎头赶上;当自己要求入党的行动没有被正确理解,甚至被一些人曲解、误会时,能正确对待、执著追求;当自己在工作、生活中遇到困难和挫折时,不动摇自己的信念,始终朝着既定的目标前进。

2. 端正入党动机才能经受住党组织的考验

这种考验在新时期更有重要的现实意义。

因为在战争年代,参加革命和加入党组织,意味着担负艰巨、危险的工作,甚至牺牲自己的生命。在这样的条件下,即使有个别投机分子混入党的队伍中来,残酷的环境也起着大浪淘沙的作用,一些不坚定分子很容易被淘汰。

党在全国执政以后,情况有了很大变化。

一方面,执政地位能够使党更好地坚持为人民服务的宗旨,把千千万万有志于改造社会、振兴民族、造福人民的有识之士吸引和团结在自己的周围,并不断地把其中的优秀分子吸收到党内来,共同为实现党的历史使命而奋斗。

另一方面,由于党处于执政地位,一些思想意识不健康的人存有投机心理,认为入党不仅没有什么危险,而且还可以捞到个人好处,有的甚至把入党当作逐利的政治阶梯。

因此,为了维护党的纯洁性,党组织必须严格考察申请入党同志的入党动机,通过必要的审查和考验,去发现哪些同志的入党动机是端正的,哪些同志的入党动机是不够端正的。只有那些入党动机端正又具备党员条件的人,才能被吸收入党。

这就告诉我们,申请入党的同志要想实现自己的入党愿望,只有老老实实地树立起正确的入党动机,经受住党组织的考察,并通过正确途径加入党组织,而不能怀着不正当的入党动机,采取不正当的手段混进党组织。

**四、端正入党动机是扩大党的群众基础的前提和保证**

中国特色社会主义伟大事业,是一项前无古人的伟大事业,需要调动全社会各方面的力量共同加以推进。吸收新的社会阶层中的优秀分子入党,有利于充分调动社会各方面的积极因素,更好地推进中国特色社会主义伟大事业。农村基层干部和广大青年是党的富民政策的带头实践者,对他们加以培养、帮助、教育和引导,帮助他们树立正确的入党动机,并把其中的优秀分子吸收到党内来,充分体现党在政治上对他们的信任,有利于更好地调动他们的积极性和创造性,更好地团结和带领广大群众,为实现党在社会主义初级阶段的基本路线服务,为中国特色社会主义事业贡献力量,为新农村建设添砖加瓦。

## 第三节　怎样端正入党动机

### 一、端正入党动机的主要途径

1. 学习途径

正确的入党动机的形成就是建立在对共产主义事业和无产阶级政党的正确认识之上的。

事实证明,一个人对共产主义事业和共产党的认识越明确、越深刻,他的入党动机就会越端正和越稳定,就不会因暂时的情况变化对共产主义事业和共产党的认识发生改变和动摇。

马克思主义的世界观、人生观、价值观是青年成长的指路明灯,马克思主义的立场、观点、方法是青年分析问题、解决问题的认识工具。一个连马克思主义基本原理都不懂的人,是不可能有正确的入党动机的。因此,每一个要求加入党组织的同志都应加强对马列主义、毛泽东思想和中国特色社会主义理论体系的学习。

当前,要特别注重学习邓小平理论、"三个代表"重要思想,学习科学发展观。因为:

邓小平理论第一次全面系统地回答了什么是社会主义,在中国这样的经济文化比较落后的国家如何建设社会主义、如何巩固和发

展社会主义的一系列基本问题,用新的思想、观点,继承和发展了马克思主义、毛泽东思想;

"三个代表"重要思想则反映了当代世界和中国的发展变化对党和国家的新要求,是加强和改进党的建设、推进我国社会主义自我完善和发展的强大理论武器,是中国共产党集体智慧的结晶,是党必须长期坚持的指导思想;

科学发展观是同马克思列宁主义、毛泽东思想平、邓小平理论和"三个代表"重要思想既一脉相承又与时俱进的科学理论,是我国经济社会发展的重要指导方针,是发展中国特色社会主义必须坚持和贯彻的重大战略思想。

党的十七大报告强调,改革开放以来取得一切成绩和进步的原因,就是开辟了中国特色社会主义道路,形成了中国特色社会主义理论体系。

中国特色社会主义理论体系,就是包括邓小平理论、"三个代表"重要思想以及科学发展观等重大战略思想在内的科学理论体系。只有认真学习并掌握了中国特色社会主义理论体系,才能确立无产阶级世界观,坚定共产主义的理想和信念,增强建设中国特色社会主义的信心和决心,牢固树立正确的入党动机。

同时,每一个积极要求入党的同志,还必须认真学习党的基本知识,懂得党的性质、纲领、路线和方针政策,懂得党的指导思想、党的宗旨,懂得党员的义务和权利,懂得党的组织原则和纪律,这样才能对党有正确的认识,才能明确为什么要入党,才能树立正确的入党动机。

2. 实践途径

正确的入党动机是在争取入党的实践中逐步树立起来的。

对于一个要求入党的同志来说,就是要时刻用党员标准来检查、规范自己的言行。同时,通过学习别人的先进事迹,特别是学习优秀党员的先进事迹,激励自己,在实践中不断深化自己对党的认识,不断用自己的行动和切身体验来强化自己正确的入党动机,真正做到言行一致、表里如一。

入党积极分子要在各个方面严格要求自己,刻苦钻研,勤于思考,同时,还应当积极投身于丰富多彩的社会实践中去。青年党员的先锋模范作用正是通过参加各种集体活动表现出来的,威信往往也是这样建立起来的,群众基础也是这样打下的。

提出入党申请,就意味着将为共产主义事业奋斗终生,就必须按照共产党员的标准严格要求自己,处处起模范带头作用,踏踏实实地从我做起,从点点滴滴做起,将强烈的入党愿望落实在自己日常的学习和工作中,时时、事事、处处以党员标准来严格要求自己,脚踏实地、言行一致、表里如一,从点滴做起,才能不断端正自己的入党动机。

3. 自我总结途径

对青年的成长而言,加入党组织的过程就是一个深刻的接受思想教育和自我总结提高的过程。

入党积极分子在争取入党的过程中,常常会遇到正确动机与错误动机之间的矛盾斗争。这要求我们要经常地检查、总结自己的思想情况,开展积极的思想斗争,用正确的入党动机来克服和纠正在入党问题上的种种不正确的想法和态度,使正确的入党动机逐步地、牢固地树立起来。

组织上入党一生一次,思想上入党一生一世。在提出入党申请之后,一定要经常地问问自己究竟为什么要求入党? 只有在不断地摒弃和纠正各种错误思想的过程中,才能逐步树立起正确的入党动机。

作为一名入党积极分子,应该对自己有严格的要求,要按照党章要求规范自己的行动,真诚欢迎同志们的批评和帮助,并善于从各种意见中汲取营养,完善自我。

4. 党组织教育、培养、考验的途径

(1)要自觉接受和主动争取党组织的帮助。

树立正确的入党动机,主要靠个人的主观努力,但也离不开党组织的教育、培养和帮助。

作为一名入党积极分子,一定要经常主动地向党组织汇报自己的思想、学习和工作等方面的情况,既要及时总结自己的收获和体会,又要注意查找自身存在的不足,做到对党忠诚老实、襟怀坦白。

思想汇报可以是书面的,也可以是口头的。汇报的内容要真实、深刻,要敢于暴露自身的不足,使党组织能够真实全面地了解自己的情况,有针对性地、及时地进行有效的帮助教育;要认真接受党组织培训,努力学好党的基本理论、基本路线和基本知识。

(2)要积极参加党组织的各种有关活动。

党组织不仅会对入党积极分子进行理论教育,而且会要求他们参加一些党的活动,如参加党章学习、列席支部大会、参加社会实践和志愿服务等。

入党积极分子参加党的活动,既可以实际体验党内生活,接受党的教育,增强对党的认识,又可以在活动中表现自己,得到党组织和党员的更直接的帮助,不断端正自己的入党动机,使自己尽快成熟起来。

(3)要正确对待党组织的考验。

为了维护我们党的先进性和纯洁性,切实保证新党员的质量,党组织必须严格地、全面地考察每一个要求入党的人。在这种情况下,每位要求入党的同志都应忠诚老实地把有关情况向党组织说清楚,决不能对党组织的审查存什么不满或有对立情绪。

入党积极分子从递交入党申请书的那一天起,就渴望早日实现自己的入党愿望。但是有的同志争取入党经过一段时间以后,就产生了急躁情绪,认为党组织对自己不够关心,或者怀疑有人对自己有成见,想得较多,背上思想包袱,结果影响了自己的进步。

对待这样的问题,首先应该从自己的思想上、工作上找原因、找差距,要相信党组织对每位要求入党的同志都是负责的,会对每位同志作出实事求是、客观公正的评价的。党组织的考察,不是凭一时一事的表现,而是要有一定量的积累。

作为一名入党积极分子,一定要有积极向上、奋发进取的精神,一定要有持之以恒的态度,一定要有经受党组织长期考验的思想准备。一个要求入党的同志接受党组织考验的过程,也是自己提高觉悟、不断进步的过程。

党的大门是永远敞开的,只要我们端正入党动机,以党员标准严格要求自己,在学习、工作中作出成绩,总有一天会成为一名光荣的中国共产党党员。

## 二、端正入党动机必须解决的几个关键问题

### 1. 要坚定共产主义理想信念

(1)端正入党动机的核心是坚定共产主义信念。

农村是各种社会思潮汇集的地方。青年思想活跃,善于接受新事物,但是社会阅历少、理论基础较薄弱,有时不能全面正确地看待社会的发展,在复杂的社会斗争中容易产生思想困惑。而青年是世界观、人生观和价值观形成的关键时期,树立怎样的理想信念和人生目标,将直接影响到将来的人生道路。作为一名积极争取入党的青年,要努力加强理论修养,不断端正入党动机,坚定地树立起为共产主义事业奋斗终生的崇高理想和信念。

人类历史上最美好的社会理想、最为崇高的信仰和目标,是实现共产主义的社会制度,这是共产党人的无限光明、无限美好的最高理想。坚定共产主义信念,是做一名合格共产党员的首要条件,只有确立坚定的共产主义信念,树立远大的共产主义理想,才会有正确的前进方向和奋斗目标,才能保持坚韧的革命意志,为党的事业奋斗终生。

但目前有的青年对实现共产主义社会制度心存疑虑,或者缺乏信心,认为共产主义制度虽好,但离我们太遥远,共产主义目标可望而不可及,因而总是打不起精神来,更不准备为之奋斗终生。这样的认识与我们党的奋斗目标格格不入;这样的人不可能有正确的入党动机,即便进入党内来也难以成为一名合格的共产党员。

（2）"两个必然"趋势没有变。

1848 年，马克思、恩格斯在《共产党宣言》中指出："资产阶级的灭亡和无产阶级的胜利是同样不可避免的。"这就是后来所称的"两个必然"科学论断，即资本主义必然灭亡、社会主义必然胜利。这是马克思、恩格斯根据历史唯物主义原理，通过深刻研究人类历史的发展规律，剖析生产力与生产关系的矛盾运动而得出的结论。在当代，尽管资本主义发展到了一个新阶段并发生了很多新的变化，但仍然改变不了这一发展趋势，社会主义必然会走向胜利。

作为入党积极分子，我们应该清醒地认识到，社会主义必然代替资本主义，这是不以人的意志为转移的历史发展规律。但这个过程又是长期的和艰巨的，社会主义最终取代资本主义，还需经过一个长期的历史过程。

《共产党宣言》发表 160 多年来，资本主义躲过了一次又一次的灾难，而且还有了相当大的发展。

第二次世界大战结束以后特别是 20 世纪 80 年代以来，随着科技革命的发展和经济全球化浪潮的推动，当代资本主义又发生了很大的变化，表现出一般劳动群众的生活水平有所提高，社会矛盾和阶级矛盾有所缓和；经济有了新的发展；高新技术及其产业有了长足进步；产业结构、工人队伍结构出现新的变化等特点。

发生这些新变化的主要原因在于它采取了一些自我调节的手段，进行了社会改良，对经济实行政府干预和宏观调控，加强了对科技创新和新兴产业的扶持。但是，这种调节和改良，并没有从根本上改变资本私人占有和生产日益社会化之间的固有矛盾，这是导致资本主义必然灭亡的根本原因。

同时，资本主义还面临着另一个无法解决的矛盾，即资本家为追求利润发展生产的无限性与国内和地球资源的有限性之间发生的越来越尖锐的矛盾。当国内资源快要挖尽时，他们就拼命掠夺国外不发达国家的资源，从而造成了世界性的资源危机（据联合国资源委员会估计，全世界人类生存的主要资源，如果按照西方的生产方式发展,不到百年就会耗尽)。

由此看来,资本主义私人占有制,不但同生产社会化发生了无法解决的矛盾,而且同人类生存发展条件也发生了无法解决的矛盾。要维护人类生存条件,就必须从根本上改变资本主义制度。资本主义最终要走向灭亡,这是人类维护生存发展条件的需要和要求,是历史的必然。

我们应该坚持马克思主义的基本原理,从理论和实践、历史和现实的广泛结合上,正确认识资本主义发展的历史进程,正确认识社会主义发展的历史进程,绝不能因为资本主义社会在具体演进中产生一些繁荣现象、社会主义社会在发展过程中遇到一些挫折而否认马克思主义的基本原理和科学论断。当代资本主义的新变化不能改变资本主义必然灭亡、社会主义必然胜利的历史规律,马克思、恩格斯当年揭示的"两个必然"论断的科学性毋庸置疑,不容否定。

2. 要树立全心全意为人民服务的思想

(1)全心全意为人民服务是党的一切工作的出发点。

我们党在创建时,就庄严地宣布:中国共产党没有任何自私自利的目的和打算,党的唯一目的,就是为了无产阶级和一切劳动人民的解放,代表着中国最广大人民群众的利益和要求。

1944 年,毛泽东在中共中央警备团举行的张思德追悼会上发表题为《为人民服务》的演讲。从此,"为人民服务"影响了一代又一代中国人。

1945 年 4 月,在党的七大开幕词和《论联合政府》的政治报告中,毛泽东进一步提出"全心全意为人民服务"这一宗旨,庄严承诺:"全心全意地为人民服务,一刻也不脱离群众;一切从人民的利益出发,而不是从个人或小集团的利益出发,向人民负责和向党的领导机关负责的一致性,这些就是我们的出发点。"①

党的七大第一次将全心全意为人民服务这一宗旨写入党的章

---

① 《毛泽东选集》第 3 卷,人民出版社 1991 年版,第 1094—1095 页。

程。从此以后,"为人民服务"这五个大字,就镌刻在中国共产党的旗帜上。

邓小平曾经把中国共产党党员的含义和任务概括为两句话:"全心全意为人民服务,一切以人民利益作为每一个党员的最高准绳。"①

江泽民在党的十五大报告中强调:"建设有中国特色社会主义全部工作的出发点和落脚点,就是全心全意为人民谋利益。"②"三个代表"是党的宗旨的集中体现,是对党的宗旨的新概括。

胡锦涛在党的十七大报告中指出:"全心全意为人民服务是党的根本宗旨,党的一切奋斗和工作都是为了造福人民。要始终把实现好、维护好、发展好最广大人民的根本利益作为党和国家一切工作的出发点和落脚点……做到发展为了人民、发展依靠人民、发展成果由人民共享。"

进入新世纪、新时期,我们党对宗旨的认识进一步深化,科学发展观的提出全面体现了党的宗旨的时代要求。

党要求所有的党员和每一个积极要求入党的同志,都要立党为公,执政为民,全心全意为人民服务。党把全心全意为人民服务作为一切工作的出发点,具体体现在通过制定正确的路线、方针、政策来保证全心全意为人民服务;通过各级党组织认真贯彻执行党的路线、方针、政策,保证人民群众的生活水平不断提高来体现;通过全体共产党员的先锋模范作用来实践全心全意为人民服务的宗旨。

(2)人生的价值蕴于为人民服务之中。

我们每个人都想使自己的一生过得更有意义、更有价值,渴望得到社会和他人的认可。奉献社会、服务人民是人生价值的真谛。

爱因斯坦曾经说过:"一个人的价值,应当看他贡献了什么,而

---

① 《邓小平文选》第 1 卷,人民出版社 1994 年版,第 257 页。

② 中共中央文献研究室编:《十五大以来重要文献选编》(上),人民出版社 2000 年版,第 48 页。

不应当看他取得什么。"他还说:"只有为别人活着,生命才有价值。"个人价值就蕴于为人民服务之中。我们应当在实现社会价值的过程中,实现个人的人生价值。

强调全心全意为人民服务与尊重个人利益、实现自我价值并不矛盾。共产党人也是生活中的人,也食人间烟火,也有个人的利益,但是,共产党人又不同于普通百姓,不能把获取个人利益看成是自己人生的唯一追求,不能忘记个人追求以外还有一个党性原则。

在战争年代,共产党员的个人利益与人民群众利益的一致性是显而易见的,在艰苦的战争环境中,党与人民群众天然地保持着患难与共的血肉关系,因而比较容易做到不忘党的宗旨。

而在新的历史条件下,共产党员坚持全心全意为人民服务面临着新的考验:

一是执政的考验。党的执政地位使我们有了更好地为人民服务的条件,却也可能使一部分党员、特别是党的领导干部滋生出高高在上、当官做老爷的思想,在权力面前渐渐淡漠了党的宗旨,丧失了全心全意为人民服务的自觉性,也增加了脱离群众的危险性。

二是改革开放和建立社会主义市场经济的考验。它们给我国的经济生活以及整个社会生活带来了勃勃的生机和活力,但也不可避免地产生一些负效应。如,拜金主义、享乐主义、功利主义、实用主义等。

所有这些表明,在新形势下,共产党员必须更加自觉地坚持全心全意为人民服务的宗旨,否则,党员就会丧失其存在的价值,我们党就会在各种考验面前败下阵来。

要正确认识功利问题。马克思主义认为,人们奋斗所争取的一切,都与他们的利益有关,对功利的向往和追求是任何国家、任何社会、任何时代的人们的普遍心态和需要。无产阶级也讲功利,共产党人也讲功利,我们反对的是功利主义。

青年入党有没有"好处"?当然有。分析起来,起码有 4 个"好处":一是有利于促进青年树立科学的信仰;二是有利于促进青年提高道德境界;三是有利于促进青年升华生命的价值;四是有利于青年的全面发展。有些青年从合理的个人利益角度(比如青年党员更好找工作)理解入党的好处,是合情合理的。但是,作为一名共产党员或一名入党积极分子,如果仅仅停留在找到一份好工作的认识水平,那起点就太低了。

正如温家宝所说的那样,一个民族有一些仰望天空的人,他们才有希望,一个民族只关心脚下的事情,那是没有未来的。青年要经常仰望天空,学会做人,学会思考,学会知识和技能,做一个关心国家命运的人。要求入党的青年,不能只关心眼前小利,不能单纯追求个人功利,更不能利欲熏心。

人生的价值蕴于为人民服务之中,不是一句空话,而是一个实践性极强的要求。入党不是为了捞到个人好处,而是为人民服务。作为一名入党积极分子,应当自觉用科学的理论武装头脑,努力改造自己的主观世界,牢固树立起尊重人民群众、关心人民群众、热爱人民群众的情感,真正理解党的全心全意为人民服务的宗旨,扎扎实实地树立起为人民服务的思想。

3. 要始终保持共产党员的先进性

(1)先进性是党组织对党员的起码要求。

党是由全体党员组成的。党员是构成党的组织的细胞。

党的先进性,首先表现在党作为一个整体对于国家和社会所起的整合、凝聚、引导作用上,同时,也表现在每一个个体即党员的素质和先锋模范作用的发挥上。党的先进性不等同于党员的先进性,但二者又是密不可分的,党的先进性直接源于党员的先进性。

人民群众看一个党是否先进,不只是看理论、纲领和路线,更重要的是要看共产党员的行动,看这些行动给他们带来什么结果。从这个意义上讲,党员先进性是党的先进性的重要载体,保持共产党员先进性是实现党的先进性的必由之路。党的路线、纲领、方针、政策,是依据广大党员的思想共识来制定的,也是通过每一个党员的实践活动来贯彻的;党对于各项事业的领导作用,是通过广大党员结成的组织体系来发挥的,也是通过每一个党员的模范作用来体现的;党与人民群众的血肉联系,是以广大党员为桥梁来连接的,也是以每一个党员的形象来促进的;党治国理政的全部活动及其能力,是由广大党员在不同岗位的执政行为组合起来的,也是由每一个党员的具体工作能力表现出来的。

因此,党的先进性与党员个人的先进性有着内在的联系,在本质上是一致的。党的先进性,既要由党的整体来体现,也要由党员个人的表现来体现。

坚持党的先进性,不仅需要我们党,也需要我们每一个党员,在中国特色社会主义的伟大事业中,在改革开放和现代化建设的伟大实践中,在物质文明、政治文明和精神文明建设的活动中,发挥应有的先进、模范作用。只有这样,党才能始终高擎领导和推动社会发展的旗帜,才能始终得到人民群众的拥护和支持。

(2)把追求先进当做一种习惯。

追求先进是每个时代青年的共同特征,他们对于先进的追求就像向日葵对于太阳的追随,天性如此。对于青年来说,始终保持先进性的中国共产党无疑是指引人生方向最亮的灯塔。

追求先进的行为,需要成为长期坚持的习惯。三天打鱼,两天晒网,三分钟热情都算不上真正的先进。毛泽东说过:做一件好事并不难,难的是一辈子做好事。如果做好事成为一种行为习惯,把做好事作为一辈子的事业亦不难。好的习惯将使人生绚烂多姿。

先进的标准是随着时代变化而变化的。与党的先进性是发展的而不是静止的、是具体的而不是抽象的特征一样,共产党员的先进性与时代性也是紧密相连的,也是随着形势和任务的变化而不断丰富和发展的。这就决定了共产党员的先进性在不同的历史时期有着不同的内涵和要求。

回顾我们党的历史,可以看出,在不同的历史时期,党员先进性的内涵和表现形式是不同的。革命战争时期,共产党员先进性表现在冲锋陷阵,奋勇杀敌,为了革命胜利,不怕流血牺牲;在国家遭受经济困难时期,共产党员先进性表现在艰苦奋斗,勤俭建国,吃苦在前,享受在后;在社会主义经济建设阶段,共产党员先进性表现在胸怀全局,心系群众,立足岗位,无私奉献;在新的历史条件下,共产党员先进性表现在坚定共产主义信念,不怕困难,不怕挫折,勇于开拓,奋发进取,在危急的时刻能挺身而出,冲锋在前。

先进的内涵也要结合实际来理解。我们对共产党员保持先进性的要求,既要从整体上、从普遍性和共同特征方面去把握,力求走在时代和社会发展的前列,在各方面工作中发挥先锋模范作用,成为群众的榜样和带头人,又要结合特定时期和发展目标,联系具体环境、条件和任务,使之与每一名共产党员所处地域、所在岗位、所负职责结合。

青年党员是我们党组织中的一个特殊群体,是青年中的优秀代表。作为一名青年入党积极分子,就要以身边的优秀党员为榜样,在学习、工作和社会生活各个方面发挥先锋模范作用,以实际行动践行自己的承诺,用青春和汗水谱写社会主义现代化建设的新篇章。

4. 要正确看待宗教信仰问题

(1)宗教信仰自由包括信仰宗教和不信仰宗教两种选择。

宗教信仰,是指信奉某种特定宗教的人们对所信仰的神圣对象(包括特定的教理教义等),由崇拜认同而产生的坚定不移的信念及全身心的皈依。这种思想信念和全身心的皈依表现和贯穿于特定的宗教仪式和宗教活动中,并用来指导和规范自己在世俗社会中的行为。它属于一种特殊的社会意识形态和文化现象。

每个公民既有信仰宗教的自由,也有不信仰宗教的自由;有信仰这种宗教的自由,也有信仰那种宗教的自由;在同一宗教里面,有信仰这个教派的自由,也有信仰那个教派的自由;有过去不信教而现在信教的自由,也有过去信教而现在不信教的自由。任何国家机关、社会团体和个人不得强制公民信仰宗教或不信仰宗教,不得歧视信仰宗教的公民和不信仰宗教的公民。

全面正确地贯彻宗教信仰自由政策,一方面要求尊重每个公民信仰宗教的自由和不信仰宗教的自由。任何组织和个人都不得强制公民信仰宗教或者不信仰宗教,不得歧视信仰宗教的公民和不信仰宗教的公民。对不尊重公民宗教信仰自由权利和损害宗教界合法权益的错误行为,必须坚决予以纠正。

　　另一方面要求坚持权利和义务的统一。宗教信仰自由不等于宗教活动可以不受任何约束。宗教界人士和信教群众首先是中华人民共和国的公民,要把国家和人民的根本利益放在首位,承担遵守宪法、法律、法规和政策的义务。宗教必须在宪法和法律规定的权利和义务范围内活动,任何人不得利用宗教反对党的领导和社会主义制度,宗教活动不得妨碍社会秩序、工作秩序和生活秩序。

　　实行宗教信仰自由政策,尊重信教群众的信仰,但这并不是说就可以放弃对他们的思想政治工作,放弃在他们中开展思想道德建设和科学文化教育的工作。

　　(2)共产党员不能信仰宗教。

　　根据中国共产党的有关规定,党员不得信仰宗教。

　　共产党员是工人阶级的有共产主义觉悟的先锋战士,是无神论者,只能信仰马列主义、毛泽东思想,不得信仰宗教,不得参加宗教活动。当我们选择成为一名共产党员时,我们就选择了不信仰宗教。共产党员信仰宗教,参加宗教活动,违背党的性质,削弱党组织的战斗力,降低党在群众中的威信,也不利于正确贯彻执行党的宗教政策。一个立志为共产主义奋斗终生的共产党员,必须把党的世界观作为自己的世界观,必须坚持辩证唯物主义和历史唯物主义、而不能信奉唯心主义、信奉有神论、信奉宗教。

　　作为一名入党积极分子,也是不能信仰宗教的。根据《中国共产主义青年团章程》,中国共产主义青年团是中国共产党领导的先进青年的群众组织,是广大青年在实践中学习共产主义的学校,是中国共产党的助手和后备军。因此,共青团员同样不得信仰宗教。

　　马克思主义历来认为,宗教对于国家来说是私人的事情,但是对于工人政党来说决不是私人的事情。一个共产党员,从他面向党旗宣誓"志愿加入中国共产党"的时候起,他就已经向党表明,自己拥护党的纲领所规定的马克思主义指导思想,从而表明他在宪法规定的宗教信仰的范围内选择了辩证唯物主义的无神论的世界观。

因此,公民有信仰宗教的自由,共产党员则必须坚持辩证唯物主义,而不能信仰有神论、信仰宗教。共产党员坚持无神论,这是他作为一个公民享有的宪法所规定的"不信仰宗教"的权利,正如其他有些公民选择了宪法规定的"信仰宗教"的权利一样,都是"宗教信仰自由"的表现。共产党员放弃辩证唯物主义而信仰宗教,是对党的指导思想的背离。

人们的政治立场、价值观同他们的世界观之间,有联系又有区别,既不是相互等同的,又不是彼此隔离的。由于存在着区别,所以对于人民群众,必须把宗教信仰与政治态度区分开来,不可相提并论。要尊重公民信仰宗教和不信仰宗教的自由,对广大信教群众坚持政治上团结合作、信仰上互相尊重,努力使广大信教群众在拥护中国共产党的领导和社会主义制度、热爱祖国、维护祖国统一、促进社会和谐等重大问题上取得共识,增强党在信教群众中的吸引力和凝聚力。

由于政治立场、价值观同世界观之间又存在着内在的不可分割的联系,所以对于共产党员来说,不仅必须在政治上坚持正确的方向,坚持中国特色社会主义道路和全心全意为人民服务的宗旨,而且必须在世界观上坚持辩证唯物主义,坚持无神论,同宗教唯心主义划清界限。在我国民主革命时期,毛泽东曾经指出:"共产党员可以和某些唯心论者甚至宗教徒建立在政治行动上的反帝反封建的统一战线,但是决不能赞同他们的唯心论或宗教教义。"①在新世纪新阶段,

---

① 《毛泽东选集》第2卷,人民出版社1991年版,第707页。

胡锦涛指出："我们中国共产党人是无神论者,不信仰任何宗教。"①

　　一个共产党员,如果在世界观上模糊了甚至背离了唯物主义的立场,模糊了唯物主义与宗教唯心主义的界限,他的政治信念和价值追求就失去了科学的世界观基础,就不可能真正懂得社会主义经过一个长过程发展后代替资本主义是历史发展的客观规律,就不能真正理解为什么必须坚持科学社会主义、坚持中国特色社会主义,为什么必须坚持党的为人民服务的宗旨,面对前进道路上必然出现的种种考验和形形色色的诱惑,他就难免动摇社会主义的方向和为人民服务的宗旨,丧失为党的事业努力奋斗的革命精神,乃至与党离心离德,丧失共产党员的立场,背离社会主义道路,或沦为贪污受贿、腐化堕落的腐败分子。

　　很难相信,那些不惜重金争先恐后到寺庙里烧"第一炷香",跪倒在佛像前顶礼膜拜的共产党员能够像他们自己宣誓的那样"为共产主义奋斗终生"。而某些政府机关请来风水先生指点迷津、改建门庭,某些腐败分子求签算卦、烧香拜佛,面对党纪国法的追究祈求"大师"指路、神灵保护的荒唐故事,同样值得我们深入思考。共产党员的世界观信仰问题,绝不是"私人的事情",也不是无关宏旨的小事,必须引起重视,必须严肃对待。

　　① 中共中央文献研究室编:《十六大以来重要文献选编》(下),中央文献出版社 2008 年版,第 554 页。

# 第5章

## 明确入党条件和程序

什么样的人才能加入中国共产党？入党必须具备哪些条件？青年入党需要通过哪些程序？这是每一个申请加入中国共产党的青年必须首先弄清楚的问题。

### 第一节　入党必须具备哪些条件

入党条件是指吸收新党员所必须具备的条件。包括入党申请人所需要具备的资格和基本符合党员条件的要求。它是发展党员衡量的依据。党员条件或称党员标准，它是对共产党员的本质规定和基本要求，也是规范党员行为的根本尺度。对此，党章都作出了明确规定。

#### 一、门槛

现行党章第一条明确规定："年满十八岁的中国工人、农民、军人、知识分子和其他社会阶层的先进分子，承认党的纲领和章程，愿意参加党的一个组织并在其中积极工作、执行党的决议和按期交纳党费的，可以申请加入中国共产党。"这一规定，就是对每个申请加入共产党的同志必须具备的起码要求，也可以设定为申请入党的门槛。

1. 年满十八岁的中国工人、农民、军人、知识分子和其他社会阶层的先进分子

（1）党员的年龄规定。

这里的十八岁是指周岁，而且必须是年满十八周岁，以出生年月日为标准。党章之所以作这样的规定，主要是根据我国宪法规定，年满十八周岁的公民才是成年人，才有选举权和被选举权，才可能有比较确定的政治观点和政治立场，可以确定自己的信仰和终身奋斗目标和志向。因此党章对入党的年龄明确规定为十八岁。

（2）党员的国籍规定。

申请加入中国共产党的人，必须是具有中国国籍的公民，外国籍人和无国籍人不能申请。中国共产党的性质决定，党是中国工人阶级的先锋队，同时是中国人民和中华民族的先锋队，是中国特色社会主义事业的领导核心。党的这种性质决定了不具有中国国籍的人是不能加入的。

（3）党员的身份规定。

伟大而艰巨的中国特色社会主义事业，需要全社会各个方面忠诚于祖国和社会主义的优秀分子，以自己的实际行动带领群众共同加以推进。能否自觉地为实现党的路线和纲领而奋斗，是否符合党员条件，是吸收新党员的主要标准。

来自工人、农民、知识分子、军人、干部的党员是党的队伍最基本的组成部分和骨干力量。同时也应该把我国社会出现的民营科技企业的创业人员和技术人员、受聘于外资企业的管理技术人员、个体户、私营企业主、中介组织的从业人员、自由职业人员等社会阶层中承认党的纲领和章程、自觉为党的路线和纲领而奋斗、经过长期考验、符合党员条件的先进分子吸收到党内来，并通过党这个大熔炉不断提高广大党员的思想政治觉悟，从而不断增强我们党在社会的影响力和凝聚力。

2. 承认党的纲领和章程

承认党的纲领和章程，是对申请入党的人在思想上、政治上的要

求,是每个入党者的先决条件。因为中国共产党不是单个党员之间的简单组合,而是根据党的纲领和章程,按照党的民主集中制原则组织起来的统一整体。党的纲领是党的基本的政治主张,它包括党的性质、指导思想、最终奋斗目标、党在现阶段的根本任务和基本政策以及党的建设的基本要求等内容,党的最高纲领是实现共产主义。

党章是党的最高行为规范,是党内政治生活和处理个人与组织、组织与组织关系的基本准则。党的纲领和章程的这种性质和作用,决定了它们是中国共产党建立、生存和发展的基础和保障。只有承认党的纲领和章程,才意味着申请入党的人愿意为实现党的纲领而奋斗,愿意遵守党的章程的规定和要求,这是中国共产党在组织上一致的前提。因此,每个申请入党的人必须承认党的纲领和章程,这是必须具备的最基本的前提。

3. 参加中国共产党的一个组织并积极工作,执行党的决议,按期交纳党费

参加党的一个组织,是指共产党员必须编入党的一个支部、小组或者特定组织,并在其中过组织生活,接受党的领导和监督。这是对申请入党的同志在组织上的要求。

为党工作,是指共产党员除了从事社会职业以外,还有义务担负党组织分配的工作,并且尽心尽力地把它做好。党组织分配的工作,主要包括思想政治工作、群众工作和组织工作等。

例如,参加各级党组织的领导工作,参加对人民群众的宣传教育工作,参加党内教育活动,参加发展党员的工作,参加各种群众团体的工作及社会服务工作,等等。

党组织都要根据具体的实际情况,对每个党员分配适当的工作,并给予检查和指导。每个党员要严格执行这一决定,自觉接受和完成党组织分配的任务,决不允许有不参加党的一个组织又不为党工作的特殊党员存在。

执行党的决议是对党员纪律方面的要求。党的决议是为完成党的总目标、总任务和总路线,在某个时期对某一项工作或某一件事

情,经过党员大会、党员代表大会、党的代表会议或党的委员会集体讨论决定的,全体党员必须贯彻执行。

党的决议代表大多数党员的意志和主张,全体党员必须无条件贯彻执行。每个党员在执行党的决议的过程中,应自觉做到局部利益服从党的事业的整体利益,不能片面地强调局部利益而不执行党的决议。

如果对党的决议有不同意见,党员有向党组织直至中央提出意见、建议甚至保留意见的权利,但是党组织的决议一经形成,党员在行动上必须执行,不能采取阳奉阴违的态度。所以,那些不愿执行党的决议或对党的决议采取自行其是、阳奉阴违态度的人,是不能做党员的。

按期交纳党费是党员应尽的一项义务,是党员关心党的事业的表现,是党员从经济上帮助党,为党的活动提供必要经费的重要措施,也是检验党员是否具有组织观念的一个标志。

党员除按规定交纳党费外,本人自愿多交不限。党员自愿一次交纳党费一千元以上的,所在党组织应将其全部上交中央。要求入党的积极分子在被批准为中共预备党员之后,即要自觉地按期按规定交纳党费。

## 二、党员具体条件

党员的具体条件,实际上是对共产党人本质特征在不同时期的具体体现和具体要求,现阶段对党员的具体要求在党章中有具体规定。

### 1. 党员应尽的义务

一个共产党员应尽的义务,也就是一个共产党员按照党章所必须履行的责任。这也是党组织对每一位共产党员行为的规范和约束。

党章第三条明确规定,党员必须履行下列义务:

(1)认真学习马克思列宁主义、毛泽东思想、邓小平理论和"三个代表"重要思想,学习科学发展观,学习党的路线、方针、政策及决议,学习党的基本知识,学习科学、文化和业务知识,努力提高为人民服务的本领。

(2)贯彻执行党的基本路线和各项方针、政策,带头参加改革开放和社会主义现代化建设,带动群众为经济发展和社会进步艰苦奋斗,在生产、工作、学习和社会生活中起先锋模范作用。

(3)坚持党和人民的利益高于一切,个人利益服从党和人民的利益,吃苦在前,享受在后,克己奉公,多做贡献。

(4)自觉遵守党的纪律,模范遵守国家的法律法规,严格保守党和国家的秘密,执行党的决定,服从组织分配,积极完成党的任务。

(5)维护党的团结和统一,对党忠诚老实,言行一致,坚决反对一切派别组织和小集团活动,反对阳奉阴违的两面派行为和一切阴谋诡计。

(6)切实开展批评和自我批评,勇于揭露和纠正工作中的缺点、错误,坚决同消极腐败现象作斗争。

(7)密切联系群众,向群众宣传党的主张,遇事同群众商量,及时向党反映群众的意见和要求,维护群众的正当利益。

(8)发扬社会主义新风尚,带头实践社会主义荣辱观,提倡共产主义道德,为了保护国家和人民的利益,在一切困难和危险的时刻挺身而出,英勇斗争,不怕牺牲。

2. 党员享有的权利

党员权利也是作为一个共产党员应当具备的条件。因为党员的权利和党员的义务是相互联系、相互依存、相辅相成的。"没有无义务的权利,也没有无权利的义务。"①履行义务是行使权利的前提,行使权利是履行义务的保证。我们党处于执政地位,党员正确行使权利对于提高党的执政水平和加强党内监督是必不可少的,而且从一个党员是否认真正确地行使党章赋予自己的权利当中,也可以衡量

---

① 《马克思恩格斯选集》第2卷,人民出版社1995年版,第137页。

其觉悟和对党的事业的责任心。

党章第四条明确规定,共产党员享有下列权利:

(1)参加党的有关会议,阅读党的有关文件,接受党的教育和培训。

(2)在党的会议上和党的报刊上,参加关于党的政策问题的讨论。

(3)对党的工作提出建议和倡议。

(4)在党的会议上有根据地批评党的任何组织和任何党员,向党负责地揭发、检举党的任何组织和任何党员违法乱纪的事实,要求处分违法乱纪的党员,要求罢免或撤换不称职的干部。

(5)行使表决权、选举权,有被选举权。

(6)在党组织讨论决定对党员的党纪处分或作出鉴定时,本人有权参加和进行申辩,其他党员可以为他作证和辩护。

(7)对党决议和政策如有不同意见,在坚决执行的前提下,可以声明保留,并且可以把自己的意见向党的上级组织直至中央提出。

(8)向党的上级组织直至中央提出请求、申诉和控告,并要求有关组织给以负责的答复。党的任何一级组织直至中央都无权剥夺党员的上述权利。

**3. 青年入党的基本要求**

吸收优秀青年入党与吸收工人、农民等入党一样,都必须坚持党章规定的标准,同时又必须根据青年的特殊性提出入党的基本要求:

(1)爱党爱国,理想远大。具有坚定的共产主义远大理想和建设中国特色社会主义信念,始终以国家富强和人民幸福为己任,正确处理国家、集体和个人的利益关系。

(2)追求真理,勇于创新。热爱科学,崇尚科学精神,不断从马克思列宁主义、毛泽东思想、邓小平理论、"三个代表"重要思想和科学发展观中吸取营养,树立正确的世界观、人生观、价值观,把握正确的方法论,努力做科学探索和创新的先锋。

(3)德才兼备,全面发展。具有优良的思想政治素质和较高的科学文化水平,德、智、体、美全面发展。正确认识自己、提高自己,不断在学习中增长知识,在社会实践中磨炼意志,在生活中陶冶情操,为承担起建设祖国的神圣职责做好一切准备。

(4)视野开阔,胸怀宽广。坚持向人民和社会学习,向历史和现实学习,学会以宽广的眼光观察世界,学会用中华文明的优秀传统和世界文明的先进成果丰富自己,既勇于开拓,又谦虚谨慎,努力在集体的奋斗中开创新的事业。

(5)知行统一,脚踏实地。坚持从自己做起,从现在做起,既胸怀远大理想,又立足本职工作,脚踏实地地为祖国和人民做好每一件有意义的事情。

总之,党章对共产党员条件的各项规定,具有党内最高法规的性质。所有共产党员和要求入党的同志,都应当逐条认真学习领会,把握其精神实质,并自觉地按照这些要求来规范自己的言论和行为,努力实践,使自己真正早日成为一名符合时代要求的工人阶级先锋战士。

## 第二节 入党需要通过哪些程序

具有严格的发展党员工作程序,是我们党区别于其他政党的显著标志之一,也是我们党做好发展党员工作,把好党员队伍"入口关"的重要措施。申请入党的青年一定要充分认识坚持入党程序、履行入党手续的重要性;一定要对入党程序和手续有清楚的了解;一定要自觉地按照入党的程序和手续,认真做好入党过程中每一个环节的具体工作。

发展党员的过程就是一个自然人主动在组织的教育培养下成为正式党员的过程,主要经历:入党申请人、入党积极分子、发展对象、预备党员和正式党员五个基本过程。

### 一、如何成为入党申请人

入党申请人指凡是符合党章第一条规定，个人自愿向党组织正式提出入党申请的人。　①

个人自愿，是我们党发展党员的一个基本原则。要求入党的同志，必须个人自愿向所在单位党组织提出书面申请。

中国共产党的党员必须有马克思主义的世界观、有全心全意为人民服务的无私精神、有为共产主义奋斗终生的思想觉悟、有坚定的工人阶级立场，并且能够在长期的革命、建设和改革的实践中，以实际行动表现出极大的革命热情、高度的革命事业心、强烈的革命责任感、奋发的开拓进取精神。

党员必须具备的这种思想境界和行为表现，不是装腔作势的花架子，也不是故意做给别人看的，而是党员发自意识深处的自觉行动。只有自愿入党，才能自觉地用党的标准严格要求自己，才不至于把自己混同于普通老百姓，甚至做出与党和人民利益相违背的事情。

青年要在自愿入党的基础上，由本人向党组织递交书面入党申请书，表明自己对党的认识，入党的动机，现实的表现以及今后努力的方向。

入党申请书一般要本人书写，申请书内容一定要真实反映申请人的情况，如实表达申请人的思想认识和态度，并且要经得起党组织的考验。

入党申请书应交给所在单位党支部书记或组织委员。党组织接到申请后，一般在十五天内派人与申请入党的人谈话，进行正面教育和鼓励。主要是了解入党申请人的基本情况和入党动机，予以鼓励，有针对性地提出要求。

---

① 《毛泽东选集》第3卷，人民出版社1991年版，第875页。

## 二、如何被确定为入党积极分子

经过党小组(共青团员经团组织)推荐,由支委会(不设支委会的经支部大会)研究同意,可确定为"入党积极分子"。

确定入党积极分子,青年需要做什么、党组织需要做什么?

### 1. 支部开会研究确定

党支部会根据入党申请人数和入党申请人的政治表现、工作实绩等情况,召开支委会(不设支委会的召开支部大会)进行初步研究,确定入党积极分子名单。通知入党积极分子本人,填写《中国共产党入党积极分子考察表》中的基本情况栏目,从确定为入党积极分子之日起定期(每半年)向党组织递交思想汇报。

### 2. 党支部指派两名中共正式党员负责全面的培养和联系

一方面是帮助培养对象在学习、工作、生活等方面不断提高;另一方面负责把支部对培养对象的要求、安排的工作、学习任务和信息传达给他们。培养联系人可以自己约请,也可以由党支部指定。

### 3. 接受培养考察

考察期为自党支部确定其为入党积极分子之日算起,时间要在一年以上。考察内容主要是政治立场、理想信念、思想觉悟、工作表现、组织纪律观念、群众观念、团结协作精神等。

### 4. 理论培训教育

入党积极分子要进行党的基本理论、基本路线、基本知识等内容培训,学习马列主义、毛泽东思想、邓小平理论、"三个代表"重要思想、科学发展观和《中国共产党章程》等党的基本理论和文献。同时党支部会吸收入党积极分子参加党内有关活动,使入党积极分子直接地了解和熟悉党内生活,培养组织观念,亲身体会党员的权利和义务,增强政治责任感和光荣感。

## 三、如何被确定为发展对象

入党积极分子经过一年以上的培养教育,党组织在听取党小组、培养联系人和党内外同志意见的基础上,经支委会(不设支委会的经支部大会)讨论,其中基本具备党员条件,准备近期发展入党的称为"发展对象"。

确定发展对象,青年需要做什么、党组织需要做什么呢?

1. 入党积极分子经过一年以上培养教育,成熟的可确定为发展对象,不成熟的仍作为积极分子培养。培养、教育和考察的时间不到一年的,一般不宜确定为发展对象。

2. 在经过听取党小组、培养联系人的意见、测评,公示的基础上,没有疑义、基本具备党员条件,支委会将其列为发展对象。有提出疑义的,要调查清楚后再定。

3. 组织短期培训。发展对象必须参加基层党委举办的集中短期培训班,时间一般五至七天(或不少于四十个学时)。

《中国共产党发展党员工作细则》(试行)第十一条规定:基层党委要对发展对象进行短期集中培训。时间一般为五至七天(或不少于四十个学时)。主要学习《中国共产党章程》、《关于党内政治生活的若干准则》等文件。

因客观原因不能集中进行培训的,党组织应安排他们学习指定的文件,并搞好辅导。

没有经过培训的,除个别特殊情况外,不能发展入党。

4. 综合政审。党组织对发展对象进行全面的考察,主要包括:思想觉悟、政治素质、工作表现、道德品行、本人历史、家庭主要成员和联系密切的主要社会关系等。

党组织对发展对象本人历史、直系亲属、主要社会关系进行的政治审查,是需要经过查阅档案,听取本人的陈述。要求发展对象对党忠诚老实,把有关情况如实向党组织讲清楚,并提供可以为自己证明的有关线索,积极主动地协助组织搞清问题,对于组织的审查绝不能有不满或对立情绪。

5. 被确定为发展对象后,党支部向上级党组织报告意见,并报上级组织进行审查。审查通过后,党支部为发展对象确定两名正式党员作为入党介绍人,指导发展对象填写《中国共产党入党志愿书》。

### 四、成为一名光荣的预备党员

党支部大会讨论通过的发展对象经上级党组织审批后即成为预备党员,并编入有关党支部。

接收预备党员,青年需要做什么、党组织需要做什么?

1. 支部大会讨论通过并作出决议

接收预备党员,必须经党的支部大会讨论通过,这是我们党吸收党员的一个重要原则。也是决定一个同志能否入党的重要会议。支部大会的主要内容及程序是:

(1)入党申请人汇报自己对党的认识、入党动机及本人历史和现实表现的主要情况,家庭主要成员和主要社会关系情况,以及需要向党组织说明的其他问题,必要时,还要回答党员提出的问题。

(2)介绍人要将申请人的思想、品质和经历等情况向党组织作出负责的、实事求是的介绍,并对其能否入党表明意见。

(3)支部委员会向支部大会报告对申请人审查的情况,征求党内外有关群众意见及对申请人填写《入党志愿书》和有关材料进行审查的情况。

(4)出席支部大会的党员要根据党员标准,联系入党申请人的表现,对申请人是否符合党员条件进行充分的讨论,指出申请人存在的问题及今后努力方向。

(5)入党申请人应当参加会议,并虚心听取大家的意见,特别要正确对待对自己入党有不同意见的同志,并对支部大会讨论的情况表明自己的态度。

(6)采取举手或无记名投票的方式进行表决,赞成数超过应到会有表决权的党员的半数,即可作出同意接收申请人为预备党员的决议。

在支部大会讨论接收预备党员进行表决时,申请人不必退出会场回避。如果申请人不能正确对待不同意见或别人对自己的批评，党组织应对其进行批评教育和帮助。

支部大会讨论并通过后，党支部要将支部大会决议以及通过决议的日期等填写在《入党志愿书》上，及时报上级党组织审批。

支部党员大会讨论接收预备党员时，与会党员应对申请人能否入党进行充分讨论，并采取举手或者无记名投票的方式逐一进行表决。

采取举手或者无记名投票两种表决方式应根据具体情况而定，究竟采取哪种表决方式，主要看它在本单位的实际效果。根据实际，在充分做好思想引导的基础上推行无记名投票方式，起到了发扬党内民主、提高党员发展质量的效果，就值得推行。

2. 上级党组织审查批准

支部大会讨论通过发展对象加入党组织以后，要经上级党组织审查批准。审批结束，上级党组织会通知报批的党支部及其本人。

党章规定："上级党组织在批准申请人入党以前，要派人同他谈话，做进一步的了解，并帮助他提高对党的认识。"

这样做，一方面是为了使党组织直接了解申请人的情况，了解其熟悉党员义务和权利的情况及其觉悟程度，是否具备党员条件，以保证审批意见准确，防止不具备党员条件的人进入到党内来；另一方面，通过谈话，可以有针对性地帮助申请人正视自身存在的不足，提出改进措施，并进一步提高对党的认识，端正入党动机。

3. 进行入党宣誓

党章规定："预备党员必须面向党旗进行宣誓。"

举行入党宣誓，是我们党的传统，是对预备党员进行的一项庄严的、生动实际的党的观念的教育，体现入党的庄严性、严肃性。

## 入党誓词

我志愿加入中国共产党，拥护党的纲领，遵守党的章程，履行党员义务，执行党的决定，严守党的纪律，保守党的秘密,对党忠诚,积极工作,为共产主义奋斗终生,随时准备为党和人民牺牲一切,永不叛党。

入党宣誓仪式一般由基层党委主持。有的基层党委新发展的预备党员数量比较多,支部比较分散,也可以由支部主持。由党支部组织宣誓仪式时,上级党组织应派人参加。

通过举行入党宣誓,使入党的同志增强党性观念,充分表示他们自愿承担共产党员的政治责任,表明他们对党的事业的忠诚。

入党的同志要终生牢记自己的誓言,时刻用誓言来激励自己,在实践中努力把自己锻炼成为有共产主义觉悟的先锋战士。

4. 加强对预备党员的教育和管理

支部指派两名考察人(一般为入党介绍人)对预备党员进行培养考察,支委会每半年要召开一次预备党员思想情况分析会,帮助解决预备党员思想和实际问题。

按期填写《预备党员考察表》,发现问题要及时与本人谈话,有针对性地进行帮助。同时,教育新党员树立党员意识,克服"船到码头车到站"思想,处处起模范带头作用;分配一定的工作任务给予锻炼,开展创先争优和民主评议活动;以新的角度、新的高度对新党员进行教育和培养,确保预备党员能成为合格的共产党员。

**五、预备党员转正**

申请入党的人,经过支部大会通过和上级党组织的批准,并且经过预备期的考察,成为正式党员。

预备党员的转正手续要按照党章和《细则》规定严格执行。

预备党员的转正要经过本人主动提出书面《转正申请》;党小组提出能否按期转正的意见;党支部征求党内外群众的意见;支委会审查;支部大会讨论,表决通过其能否按期转正的决议;报上级党组织审批等过程。

预备党员的预备期为一年。预备期满需要继续考察和教育的,可以延长预备期,时间限半年至一年,且仅只一次。

# 第三节　青年争取入党应该怎么做

明确入党条件和入党程序,是为了让青年了解共产党员是什么样的人,自觉用党员标准严格要求自己,把加入中国共产党作为人生的重大追求。通过入党的严格程序,提升自己的人生境界,使自己站得更高,看得更远,方向更明,信心更足。在党组织的直接帮助、教育下,更快更好地成才。

## 一、申请入党是当代青年的正确选择

为什么说当代青年只有在党的教育和培养下,才能更好、更快地成才呢?

这是因为只有中国共产党才能救中国,只有中国共产党的坚强领导才能振兴中国。这是中国人民一百多年来艰苦探索所得出的结论。中国共产党的领导地位是中国人民的历史选择。当代青年只有把自己理想的实现融入党的伟大事业之中,才能健康成长,有所作为。

1. 党为青年的发展提供有力的平台和广阔的空间

当前,我国取得了举世瞩目的成就,综合国力大幅提升,人民生活不断改善,国际地位显著提高。尽管我们的发展也面临着许多困难和风险,但是,只要有中国共产党的坚强领导,中国特色社会主义事业就能持续发展、蓬勃兴旺,中华民族就能实现伟大复兴。

历史一次次地证明:青年的成长总是与国家的命运紧密相连,与党的事业密不可分。国家强大,党的事业兴旺发达,青年就会健康成长,大有可为。中国共产党的性质决定了它的发展壮大必然会为青年一代的发展、理想的实现提供有力的平台和广阔的空间。

伟大的社会主义建设事业需要一代又一代青年为之不懈地奋

斗,中华民族伟大复兴的梦想,也是时代赋予当代青年的神圣使命。当代青年应该把个人的价值追求和民族使命紧密结合,坚定不移跟党走在时代前列,奋发图强,做社会主义核心价值体系的模范践行者,做中国特色社会主义共同理想的坚定拥护者、信仰者和宣传者,做建设创新型国家的积极推动者,努力成为推动科学发展、实现全面小康社会的先锋和尖兵。

2. 走出几个认识误区

当前,在青年中形成了争相入党的热潮。但由于有些青年没有认真学习和掌握党的基本知识,对党的性质、党员标准和入党程序等还缺乏深刻的认识和理解,所以在入党这个问题上存在思想认识误区,导致争取入党行动不够积极主动,以至影响到他们的进步。

(1)认识误区之一:认为"只要业务成绩好,就应该确定为发展对象"。

这种观点是不正确的。共产党是工人阶级的先锋队,由先进分子组成。青年业务成绩好只是一个方面,是申请入党的一个条件。看一个人是否具备积极分子入党的条件,不仅要看业务方面,更要看信仰、思想觉悟、道德品质等许多方面。只有各方面表现都很突出,全面发展、全面进步,才能确定为发展对象。

(2)认识误区之二:认为"当干部入党快,不当干部难入党"。

这也是青年中普遍存在的一种认识误区。当然,当干部的青年锻炼表现的机会多,优点长处容易显露,同时缺点不足也暴露得很明显,这样能够得到组织上的及时引导、帮助和教育,所以进步就比其他普通青年快一些,由此给人造成"当干部入党快"的错觉,其实两者并无直接关系。在以往组织发展中,普通青年入党的也不在少数。

(3)认识误区之三:认为"没有完全达到党员标准不能申请入党"。

一些各方面表现都相当不错的青年没提出入党申请,问他为什么不申请入党,他说:"我现在还不符合党员条件,等我条件够了再申请也不迟",这也是一个认识误区。

一个人是否符合党员条件一般应由党组织考察,而一个人是否提出入党申请是表明他是否有入党的意愿,二者是两个不同的概念。一般来讲,一个提交了入党申请的人,可以得到党组织有意识的培养教育和帮助,能使自己成长得更快一些。因此,广大青年在明确了自己理想信念的时候就应写申请,并注意用党员标准严格要求自己。

　　(4)认识误区之四:认为"只要向党组织交了申请,就可以入党"。

　　交不交申请是自己的事,而发展不发展是组织的事,有等靠思想,消极地等待党组织来找自己。这也是一个认识误区。

　　消极地等待党组织来找自己,这显然是颠倒了个人与组织的关系,也反映了自己对党的感情和态度。有了要求入党的愿望,除了要积极自愿向党提出申请外,还要主动接受党组织的培养教育,自觉地按照党员标准完善自己,这是一个人政治上获得更大进步的开始,也是人生道路迈出的重要一步。


**二、正确认识和看待党员条件**

　　青年选择加入中国共产党,需要正确认识和看待党员条件,少走弯路或不走弯路。

　　1. 标准不能降低

　　有的青年提出,既然我国现在还处于社会主义初级阶段,那么共产党员的条件和标准是不是可以适当降低?

　　对这一问题,我们应当毫不含糊地回答:不能降低。因为,明确我国处于什么样的历史阶段与确定党员标准,这是两个不同的问题。

　　党员标准是根据党的性质、宗旨和任务来确定的,而我国目前还处于社会主义初级阶段,是由我国走上社会主义道路的历史背景和我国社会发展的实际状况确定的。明确我国正处于社会主义初级阶段,是为了正确认识我国的基本国情,以制定正确的路线、方针和政策,不能作为降低党员标准的理由。不论我国处于新民主主义阶段,还是处于社会主义阶段,作为工人阶级的先锋战士的共产党员,都要有共产主义觉悟,共产党员的这个根本标准是不能降低的。当然,在不同历史时期党的任务不同,对共产党员应当提出适应于该历史阶段具体任务的不同要求,但这不意味着降低标准。

在新的历史条件下,共产党员保持先进性,要体现时代的要求。根据新的形势任务,共产党员先进性的基本要求"就是要自觉学习实践邓小平理论、'三个代表'重要思想和科学发展观,坚定共产主义理想和中国特色社会主义信念,胸怀全局、心系群众,奋发进取、开拓创新,立足岗位、无私奉献,充分发挥先锋模范作用,团结和带领广大群众,不断为改革开放和社会主义现代化建设作出贡献"。

申请入党的青年够不够党员条件,只能按照党章规定的标准来衡量,决不能降低标准或另立标准。每一个要求入党的青年,都应当把努力方向统一到党章规定的党员标准和党的十七大提出的时代要求上来。只有这样,认清努力的方向,才能使自己更快地进步,早日成为一名合格的共产党员。

2. 党员条件并非高不可攀

新时期的党员标准虽然很严格,但并非高不可攀。党章对党员的严格要求来自实践,只要经过认真的努力,是完全可以做到的。要求入党的青年不应丧失信心和勇气,党的大门是随时向着忠诚于党的事业的优秀分子敞开的。

我们的党从建党初期的50多名党员,发展到今天拥有8000多万名党员的大党,而且党员队伍中,普通工人、农民占有相当比例,这就充分说明,党员标准并非高不可攀。

应当看到,现在争取入党,有许多接受教育和锻炼的机会。我们所进行的改革开放和现代化建设,是空前伟大而艰巨的事业,全党和全国各族人民正在为这一宏伟事业艰苦奋斗,这就为我们创造了难得的在实践中奋发进取的好机会。同时,改革开放以来,我们党在思想上、组织上、作风上、制度上采取了一系列加强党的建设的措施,使发展党员的工作进一步加强。

为了使党员队伍建设适应改革开放和现代化建设的需要,今后一个时期,党的各级组织将遵循"坚持标准,保证质量,改善结构,慎重发展"的方针,进一步做好发展党员的工作,申请入党的同志也将得到更多的培养和帮助。

申请入党的青年一定要充分认识和利用这些有利条件,坚定信心,执著追求,在改革开放和现代化建设中加强党性锻炼,努力达到共产党员的标准。

3. 全面理解和实行党员条件

党章对党员标准做了明确的规定,要求入党的同志应该认真学习、正确理解,不能只知其一,不知其二,更不能以偏概全。

有的同志认为,党的工作重心是经济建设,现在又搞市场经济,只要有经济头脑、善于经营的"能人"就可以入党。这种用经营管理中的"能人"标准来代替党章规定的党员标准的看法,显然是不对的。

一方面,党的工作重心转移到经济建设上以后,共产党员必须在各自的岗位上为经济建设服务。在经济战线上以及与经济战线密切相关的岗位上工作的共产党员,更应当熟悉经营管理,成为经济工作的行家里手。要求入党的同志也应当从这些方面努力,在经济活动中自觉发挥先锋模范作用,这是不容置疑的。

另一方面,共产党员作为工人阶级的先锋战士,必须具有共产主义觉悟。党对要求入党的积极分子,也必须对其政治觉悟、政治倾向、思想品质等方面有严格的要求。

因此,要求入党的同志一定要全面理解和实践党章规定的党员标准,决不能片面地理解,从而放松了对自己的严格要求。

要求入党的青年要全面、正确地认识和对待党章规定的党员标准,并且对照党员标准找出自己的差距。

要求入党的青年要以高度的自觉性,正确认识自己,严于解剖自己,明确在哪些方面达到了党员条件,哪些方面还没有达到,找出克服和解决的办法,一步一个脚印地把自己锻炼成为工人阶级的先进分子。

### 三、自觉接受党组织的培养教育和考验

为了使青年的入党愿望早日实现,除本人要严格按照党员标准认真践行外,还要自觉、主动地接受党组织的培养教育和考验,只有这样,才能进步得更快。

1. 主动向党组织汇报思想

作为一名入党积极分子,在申请入党的过程中,必须定期向党组织汇报自己的思想、工作和学习等情况,这是对其申请入党态度和决心的一种考验,也是增强自身组织观念、争取党组织帮助教育的需要。

对党组织来说,通过入党积极分子的思想汇报,可以了解其思想状况和学习、工作情况,衡量其思想成熟程度,便于党组织有针对性地对其培养和教育。

入党积极分子向党组织汇报思想、学习和工作情况,可以采取书面形式,也可以采取口头形式。具体采取什么形式,可以根据自己的条件和实际情况而定。

如果自己与党组织联系比较方便,而且认为所谈内容应当与党组织有往有来地交流,可以采取口头汇报的形式。如果与党组织联系不便,可以采取书面汇报的形式。

一般情况下,思想汇报应以书面汇报形式为主。一方面,它可以用文字的形式把自己的思想、工作和学习情况记录下来,把自己入党历程记录下来;另一方面,入党积极分子在写思想汇报的时候,一般需要静下心来,认真把自己的各方面情况加以回顾、分析。

所以,写思想汇报的过程,实质上也是对自己的思想、学习和工作情况重新认识的过程。

2. 积极参加党组织开展的活动

入党积极分子参加党组织开展的活动,是实际体验党内生活,接受党内生活锻炼,学习党的基本知识和党员优秀品质的极好机会。

一般来说,可以参加学习党章、听党课、某些党日活动、讨论积极

分子入党的党员大会、预备党员入党宣誓大会、先进党支部或优秀党员表彰大会等。

每个要求入党的青年都应按照党组织的安排,积极参加这些活动。通过参加党内活动,可以接受党组织的教育,增强组织观念,提高思想觉悟和政治水平;可以在党组织和党内外群众的监督下,发扬优点,克服缺点,纠正错误。

3. 认真接受党组织的培训

申请入党的青年认真接受党组织的培训,对于坚持用中国特色社会主义理论体系武装头脑、指导实践,提高自己的政治素质、业务素质和工作能力有着重要的作用。

在新的历史条件下,为了切实保证发展党员的质量,对入党积极分子一般要进行一年或一年以上的考察和比较系统的教育,这是根据多年来发展党员工作的经验和入党积极分子成熟的一般规律提出的,是保证新党员质量的一项重要措施。基层党委都要通过适当方式,组织发展对象进行短期集中培训,以提高他们的觉悟。

每个要求入党的青年,都要严肃对待这种学习,认真学好规定的学习材料,注意理论联系实际,掌握党的性质、任务、宗旨、纪律、党员的义务和权力,解决好自己思想上存在的有关问题,努力做到首先在思想上入党。未入党的门,先做党的人。

4. 努力完成党交给的任务

一般来说,党组织为了培养锻炼入党的同志,都要分配给他一定的工作,这对他既是一种实际锻炼,也可以通过他在工作中的表现来考察他的觉悟程度。

申请入党的青年要努力完成党交给的任务,应该做到以下几点:

(1)要认真学习党的路线、方针、政策,学习领会好党的决定。只有学习好党的路线、方针、政策,才能全面准确地理解和把握党的决定的意义和作用,完成好党交给的任务。

(2)要加强党性锻炼,提高完成党交给任务的坚定性和自觉性。是否完成党的任务,是衡量一个入党申请人觉悟高低的重要标志。

（3）要努力提高自己的政治和业务素质，为完成党交给的任务打下坚实的基础。如果入党申请人自身素质不高，即使内心非常愿意完成党交给的任务，但客观效果也不会理想。

5. 自觉接受党组织的考验

申请入党的青年要能够经受住党组织一定时间的考验。

申请入党的青年从递交入党申请书的那天起，就渴望早日实现自己的入党愿望。但是，由于个人的情况不同，接受考验的时间有的可能长一些，有的可能短一些。

考验时间的长短是以是否具备了入党条件为标准。因此，每个申请入党的青年都应当愉快地接受党组织的这种考验。有些申请入党的青年没有被批准入党，多数原因是他们在某些方面还不符合党员标准。这些青年应该多从主观上寻找原因，正视自己的缺点和不足，并以实际行动努力克服。

入党是许多人孜孜以求的人生理想，也是当代青年实现自我价值的重要途径。党的大门是时刻敞开的，随时欢迎优秀青年投入党的怀抱。希望更多优秀青年早做选择，追求入党，点亮人生。

# 第6章

## 写作入党文书

　　在每个党员的成长过程中,都存在入党文书写作的问题,它记载着每一位党员思想逐渐成熟、立场逐渐明确、信仰逐渐坚定的过程,也作为档案材料伴随着每个党员的一生,是非常重要的文件资料。那么,在入党的过程中,将接触到几种入党文书？每一种入党文书的格式如何？怎么才能将入党文书写好？如何把握每种入党文书的内容？如何区别每种入党文书？各种入党文书之间有何联系？这些问题困扰着无数刚刚接触入党文书的同志。我们亟须一种规范、统一、正式的要求来指导和规定入党文书的写作。

## 第一节　入党文书概述

　　入党文书,是指要求进步的入党积极分子从写入党申请书开始,至批准为中国共产党正式党员为止,所必须撰写的材料或填写的表格,是入党申请书、思想汇报、自传、支部党员大会决议、入党志愿书、转正申请书等文件的总称。

　　入党文书,一部分必须由申请入党的个人亲笔撰写,另一部分则由党务干部填写。本专题所讲授的入党文书的写作方法和要求,主要指的是必须由申请入党者个人撰写的文书。重点是掌握入党申请书、思想汇报、入党志愿书和转正申请书的写作方法和要求。考虑到入党积极分子和青年党员经常要参加各种相关的会议,必须做好相应的会议记录,因此,也将会议记录补充为本专题需要讲授的一个重要文体。

## 一、入党程序所涉及的主要文书

伴随入党的程序,有很多文书是必须完成的,一般应具备以下文字材料。

1. 入党申请书

根据《党章》规定,要求入党者必须亲自向党组织提出申请。申请可分为口头申请和书面申请两种形式。青年申请入党应当由本人自愿提交书面申请。

2. 自传

自传是自述生平和思想演变过程的文章,即把自己走过的生活道路、经历、思想演变过程等系统而又有重点地通过文字形式表达出来,是党组织全面、历史、系统地了解申请入党者的重要材料。

3. 思想汇报

要求入党的同志为了使党组织更好地了解自己,接受党组织的教育和监督,要积极主动地向党组织汇报自己的思想、学习和工作情况。原则上,思想汇报每半年写一篇,按时间顺序主动上交,特殊情况,如学习党章、党的重要会议精神、党的方针政策等,可向党组织汇报一下自己的看法。

4. 政治审查报告

政治审查报告也称综合政审材料,是党组织在调查、考察的基础上,对拟吸收入党的同志作出全面评价的重要材料,也是党委审批党员的主要依据之一。因此,当积极分子被列为发展对象,党支部委员会要及时把该同志的全面情况综合起来形成材料,以备讨论其入党时向党支部大会报告。

5. 入党志愿书

入党志愿书记载了一个党员入党时的主要情况和党组织的审批过程,是党组织吸收一个同志入党所必须履行的手续,体现了党组织的严密性。所以,要求加入党组织的同志必须严肃认真地填写《入党志愿书》，要根据自己的思想认识及其演变过程，实事求是地把自己对党的认识、态度、入党动机、优缺点及入党后的决心等写清楚。

**6. 转正申请书**

转正申请书是指预备党员在经过一年的预备期后，向党组织提出要求转为正式党员的申请。主要写自己在预备期间的表现，思想政治觉悟是否有了提高，在工作和学习上有什么收获。在预备期间，是否以党员的标准严格要求自己。经过学习后党性是否加强，是否已经具备了一个党员的条件。在工作、学习中还有哪些缺点和弱点需要克服。自己对党组织的态度，要求转正的愿望，准备转正后继续接受组织考验的信心和决心。

### 二、入党文书的写作原则和要求

入党文书是一种特殊的文体，必须遵循一定的写作原则和要求。

**1. 入党文书的写作原则**

总的原则是：信仰坚定，真情实感，实事求是，格式正确，文字流畅。

（1）信仰坚定就是要始终坚定共产主义信念，并在今后为之不懈努力。

（2）真情实感就是要联系自己的思想实际，谈出切身的感受和体会。

（3）实事求是就是要如实向党组织汇报自己的情况，不能有回避和隐瞒。

（4）格式正确就是要根据各种文书的格式要求，书写完整，没有缺漏。

（5）文字流畅就是要思路清晰，行文流畅，没有错字病句。

**2. 入党文书的写作态度**

入党是一件非常严肃、正规、庄重的事情，在入党过程中要撰写很多材料或填写相关表格，并且这些都是档案材料，一旦入了党，将会伴随你终身。所以，写好入党文书，不仅仅是一个方法、格式问题，更要有严肃、认真、细致的态度。

3. 入党文书的写作内容

一般而言,入党文书可以从以下三个方面来写。

(1)摘引经典文献。

通过对马克思主义基础理论,党纲、党史、党建知识和党的路线、方针、政策的学习,加深对党的认识,在写作中适当地引用和摘录一些经典论述,作为入党文书的思想灵魂。

(2)融入经历和感悟。

自身的经历和感悟是入党文书的重要内容,它能够反映自身入党的愿望和对党的认识程度。每个人的经历不同,个性不同,认识不同,在入党过程中遇到的问题也会有所不同。通过入党文书的写作,可以反映出个人的进步和努力,见证入党前后的思想转变。

(3)结合学习和工作。

要求入党的青年,在学习和工作中都是积极进取、勇挑重担的骨干分子。在入党文书中可以适当的结合自身实际,总结自己的学习体会、工作经验和取得的主要成绩。

4. 入党文书的写作格式

入党文书的格式同一般公文的格式大体相同,主要包括标题、称谓、正文、落款(署名和日期)四大部分。入党申请书和转正申请书还可写上祝颂语。入党志愿书是表格文书,还要按要求填写其他内容。会议记录的格式不同于其他入党文书,包括会议的组织情况(会议的名称、时间、地点、出席人数、请假或缺席人数、列席人数、主持人、记录人)和会议的主要内容(会议的议题、发言、讨论、表决)两大部分。

5. 入党文书的文风问题

人们常说:文如其人。文风问题说到底是人品问题,是党风问题。写好入党文书应做到"四忌"。

(1)忌抄袭。

有的青年在写入党文书时态度不端正,不想思考,只图省事,往往到网上搜寻抄袭,东拼西凑,移花接木,结果是千篇一律,千人一面。这种抄袭之作恰恰暴露出抄袭者的思想和态度问题,应坚决杜绝。

（2）忌假话。

有的入党文书言不由衷,文过饰非。要么是夸夸其谈,歌功颂德;要么是刻意掩盖,闪烁其词;要么是避实就虚,轻描淡写。这种虚假之作反映了作者思想觉悟的低下和人品的低劣。

（3）忌空话。

有的入党文书就像是官僚做报告,空话连篇,上下雷同,既不结合自身实际,也不针对具体问题,看似洋洋洒洒,实则空洞无物。这种文书根本起不到汇报思想、反映情况的作用。

（4）忌套话。

有的入党文书虚张声势,华而不实,"穿靴戴帽",套话连篇,让人感到言不及义,味同嚼蜡。时下各公文网站所载文章大都就是这种四平八稳、大而无当的"八股文"。这种缺乏灵魂和个性的形式主义文书是毫无实用性可言的。

## 第二节　常用入党文书的写作规范

在系统认识入党文书写作的基础上,本节主要介绍入党申请书、思想汇报、入党志愿书、转正申请书、会议记录五种入党文书的写作规范。

### 一、入党申请书

向党组织递交入党申请书,是申请者向党组织表明自己入党的愿望和决心。青年成为入党积极分子前必须按照自愿原则向党组织递交入党申请书。

1. 格式和基本内容

(1)标题。居中写"入党申请书"。

(2)称谓。即申请人对党组织的称呼,一般写"敬爱的党组织",应顶格书写在标题下第一行,后面加冒号。

(3)正文。主要内容包括:

第一,对党的认识、入党动机和对待入党的态度。写这部分时应表明自己的入党愿望。

第二,个人在政治、思想、学习、工作等方面的主要表现情况。

第三,今后工作或学习的决心和努力方向,即表明如何以实际行动争取入党。

正文的结尾主要表达请党组织培养、考察的心情和愿望,一般可用"请党组织给予考察和培养"、"请党组织审查"、"请党组织看我的实际行动"等作为结束语。

(4)祝颂语。在结尾句之后,一般要分行写上"此致""敬礼"的祝颂语。"此致"退两格书写,"敬礼"另起一行顶格书写。

(5)落款。在申请书的最后,一般居右书写"申请人＊＊＊",下一行写上"＊＊＊＊年＊＊月＊＊日"。

(6)附件。简历及家庭基本情况。

---

入党申请书(模本)

敬爱的党组织:
　　我申请加入中国共产党。…………………
　　中国共产党是一个…………………………
　　请党组织给予考察和培养。
　　此致
敬礼!

　　　　　　　　　　　　　　　申请人:＊＊＊
　　　　　　　　　　　　　　＊＊＊＊年＊＊月＊＊日

---

## 入党申请书（范例）

敬爱的党组织：

　　今天，我怀着十分激动的心情向党组织提出申请——我要求加入中国共产党，愿意为美好壮丽的共产主义事业奋斗终生。

　　历史和现实都充分证明：中国共产党是一个伟大、光荣、正确的党，是中国工人阶级的先锋队，是中国人民和中华民族的先锋队，是中国各族人民利益的忠实代表，是中国社会主义事业的领导核心。中国共产党之所以是"先锋队"、"忠实代表"和"领导核心"，这是经过长期斗争考验形成的。在中国，从来没有任何一个政治组织像我们党这样集中了那么多先进分子，组织得那么严密和广泛，为中华民族作出了那么多的牺牲，同人民群众保持着密切的联系，始终代表最广大人民的根本利益，并在前进中善于总结经验、郑重对待自己的失误，形成并坚持正确的理论和路线，领导人民取得了革命和建设的伟大胜利。在新民主主义革命时期，党领导全国人民进行了艰苦卓绝的斗争，拯救人民群众于水火之中，建立了社会主义新中国。在社会主义革命时期，党又领导人民进行社会主义现代化建设道路的探索，经过长期的艰辛努力、摸索实践，中国共产党找到了一条符合中国国情的中国特色社会主义建设道路。在实践中，我党高举中国特色社会主义伟大旗帜，坚持党的基本路线，坚持改革开放，团结拼搏，开拓进取，使中国特色社会主义经济、政治、文化、社会建设都取得了伟大的成就。我坚信：有中国共产党的正确领导，中国人民一定能够实现中华民族的伟大复兴。

　　我决心要在党组织的培养和帮助下，积极进取，努力工作，为实现最高理想而贡献一切。我深知，作为一名共产党员，要不断改造自己的主观世界，树立马克思主义的科学世界观。只有树立科学的世界观、人生观和价值观，才能充满为共产主义而奋斗终生的信心和勇气，才能在现阶段为建设中国特色社会主义不遗余力地奉献自己的智慧和汗水。

　　今天，我虽然向党组织提出了申请，但我深知，在我身上还有许多缺点和不足，因此，希望党组织从严要求我，以使我更快进步。今后，我要用党员标准严格要求自己，自觉地接受党员和群众的帮助与监督，努力克服自己的缺点和不足，争取早日加入党组织。

　　请党组织给予考察和培养。

　　此致

敬礼！

申请人：＊＊＊

＊＊＊＊年＊＊月＊＊日

2. 注意事项

（1）入党申请书不是由本人撰写，未亲笔签名。

（2）没有用黑色墨水的钢笔或水笔书写。纸张未使用统一规格的 16 开双线格或方格稿纸。

（3）对党的认识不够，新旧党章的内容混淆，随意更改或添加党章内容。

（4）把"申请人"写成了"汇报人"。

（5）申请书内容与申请时间相冲突，日期格式错误。


## 二、思想汇报

思想汇报的作用是检查自己工作学习情况，争取在实际生活中不断改进缺点，发扬优点，努力改造世界观，争取早日加入中国共产党。入党积极分子向党组织汇报自己的思想和工作情况，对党组织来说，是培养、教育和考察他们的需要。

1. 格式和基本内容

（1）标题。居中写"思想汇报"。

（2）称谓。一般写："敬爱的党组织"，后面加冒号。

（3）正文。结合自己的学习、工作和生活情况，向党组织反映自己的真实思想情况。具体内容根据每个人的不同情况而定。

（4）结尾。可写上自己对党组织的请求和希望。一般用"恳请党组织给予批评、帮助"，或"希望党组织加强对自己的培养和教育"等作为结束语。

（5）落款。一般居右书写"汇报人：＊＊＊"，下一行写上日期。

思想汇报(模本)

敬爱的党组织:

　　................................................................
　..............................。
　..............................................................
　..........。

汇报人:＊＊＊

＊＊＊＊年＊＊月＊＊日

---

思想汇报(范例)

敬爱的党组织:

　　作为当代青年,我们必须深入学习领会科学发展观的要义和精髓,将落实科学发展观与青年成长和发展有机地联系起来,用科学发展观指导我们的成长发展,指引我们的学习和工作。

　　青年要成才,必须首先学会如何做人。古人云:先成人,后成才。这即是说,人格的完善在某种意义上比知识的获取更重要。我们要树立正确的世界观、人生观、价值观,培养对祖国、对社会美好情感,做到"忠心献给祖国,爱心献给社会,关心献给他人"。而学做人,首先从诚信与责任心做起。诚信是中华民族传统美德,在五千年的文化传承中,诚信渗透于我们生活的各个领域,形成了中华民族重信守诺、诚实无欺的优良传统。针对当前部分青年存在的诚信缺失、责任心不强问题,我们要培养与他人和社会和谐相处的意识和能力,把诚实守信、尽职尽责当作立身处世的基本准则和信条,以诚信去赢得他人的信任和友谊,赢得与他人合作共事、共谋发展的机会。学会解决生活、学习、工作和内心世界的矛盾冲突,提高自己的心理素质和自我约束能力,养成开朗、豁达、理解、宽容的人格。

　　青年要成才,还必须具备高度的社会责任感。成才不仅要看个人的品德如何,更要看是否善于工作,能否干成事业。要把个人的成才和社会需要结合起来,在本职工作和实现远大理想的过程中,要有坚定的信念和真诚的态度,要从小事做起,"勿以恶小而为之,勿以善小而不为"。作为当代青年,我们肩负着人民的重托,

· 115 ·

历史的责任。我们一定要学习和实践科学发展观,把它融入我们的日常工作当中去,适应新世纪新阶段的发展。

恩请党组织批评指正!

汇报人:＊＊＊

＊＊＊＊年＊＊月＊＊日

**2. 注意事项**

(1)通篇大谈理论,空喊口号,没有涉及自己的实际思想情况。

(2)没有针对自己做一分为二的评价,不敢向党组织暴露缺点和问题。

(3)上网下载抄袭。

(4)正文结尾没写"恩请党组织批评指正"等作为结束语。

(5)使用"此致""敬礼"祝颂语。

(6)文本未按要求用黑色钢笔或水笔亲笔撰写,而是用电脑打印。

(7)未按照撰写的时间先后顺序主动上交。

**三、入党志愿书**

入党志愿书是即将被讨论接受入党的入党积极分子向党组织报告自己的自然情况,包括简历、家庭出身、社会关系以及向党表明自己的入党志愿的书面材料,是党组织对发展对象进行审查的主要依据。它记载着申请人入党时的主要情况和全部审批过程。在上级党组织批准其转为正式党员以后,这份材料就成为党员本人的永久性档案材料。

**1. 格式和基本内容**

填写入党志愿书应当简明扼要,尽量不要超出表格栏框。如某些栏目没有内容可填写,应在该栏填写"无",不要划"×"或"/"。填写时应使用黑色墨水的钢笔或水笔书写,字迹工整,不得涂改。

正文主要内容包括：

（1）对入党的态度。一般第一段要明确写出自己对入党的态度，即"我志愿加入中国共产党"。

（2）对党的认识。这部分主要包括：如何认识党的纲领和章程；如何认识党史，尤其是亲身经历过的重大事件；如何认识党的领导和现行的路线、方针、政策。

（3）入党动机、目的。一般讲，一个人最初的入党动机、目的不是单一的，而是各种因素的综合，往往有个不端正到端正的过程。因此应对每一因素进行分析，写出达到最终正确入党动机的思想演变过程，必要时要有一定的理论论述。

（4）自己的优点缺点。要一分为二地看待自己的优缺点，并逐一作出深入的分析，要有发扬优点、克服缺点的决心和措施。

（5）入党的决心。填写入党志愿书只是申请入党的青年入党必须履行的手续之一，即使在组织上入了党，思想上是否入党还得看入党后的言行。因此，在入党志愿书中还要表明自己有不被接受的思想准备、进一步努力的打算或者入党后的态度或决心等。

---

入党志愿书（范例）

我志愿加入中国共产党，拥护党的纲领，遵守党的章程，履行党员义务，执行党的决定，严守党的纪律，保守党的秘密，对党忠诚，积极工作，为共产主义奋斗终生，随时准备为党和人民牺牲一切，永不叛党。

从参加工作之际，我就向党组织递交了入党申请书，并参加了单位组织的党校学习。平时，我经常同党员谈心交流思想，使自己能够在正确的引导下更快地成长。在这不断学习和为之奋斗的漫漫长路上，洒下了我无数的汗水，也耕耘出了丰硕的果实。那就是我从最初的要当英雄的幼稚的感性认识，逐步上升到了为共产主义奋斗终生的理性认识阶段。可以说我的入党动机越来越分明：就是要全心全意为人民服务。

---

作为伴随祖国的改革开放进程成长起来的一代青年，我切身感受到党的路线方针政策给祖国、给人民、给每个中国家庭带来的翻天覆地的历史变化，从心里拥护党的基本理论、基本路线和基本纲领。我认为，一个人只有把自己的追求同民族的振兴和国家的命运紧密联系在一起，才能真正实现人生的价值。多年来，在党的教育和培养下，通过自己的刻苦学习与实践锻炼，牢固地树立起坚定的马克思主义政治信仰和共产主义信念。我志愿加入中国共产党，为共产主义社会理想、为建设中国特色社会主义、为党和人民的根本利益而奉献自己的青春、热血与汗水，这是任何力量、任何艰险、任何风浪也动摇不了的我毕生的信念与追求。

诚然，我深知，按照《党章》的要求，自己的差距还是很大的，还存在一定的缺点和不足，但我有信心通过加强党性的修养和党性锻炼，牢记党的全心全意为人民服务的宗旨，时刻用共产党员的标准严格要求自己，提高素质、改正缺点、弥补不足，争取做一名合格的共产党员。如果党组织认为我还不具备条件，我将继续努力，以自己的实际行动接受党组织的考验。

2. 注意事项

（1）不要把"志愿"写成"自愿"。

（2）入党志愿书是表格文书，不要标题、称呼、落款和日期，即直接在"入党志愿"栏中写入正文即可。要用第一人称来写。

（3）入党志愿书与入党申请书不同，入党志愿书是党组织经过系统培养、教育和考察后，自己的思想和认识更加成熟后书写的。因此，要在"入党申请书"、"思想汇报"等基础上进一步加工、提炼。

（4）入党志愿书有规定的篇幅，不能像其他材料可以不受字数限制。为此，要注意字数的合理。

### 四、转正申请书

转正申请书是预备党员在预备期满后，由本人主动向所在单位党组织提出的转为正式党员的书面材料。入党转正申请书是党组织及时讨论预备党员是否认真履行党员义务，是否具备党员条件的依据之一，也是预备党员转为正式党员的必备手续之一。

1. 格式和基本内容

(1)标题。居中写"入党转正申请书"。

(2)称谓。写"敬爱的党组织"或"敬爱的党支部"。

(3)正文。一般包括以下内容:

第一,本人简况。说明本人何时何地由何人介绍入党,何时被批准为预备党员,何时预备期满。若被延长预备期的党员,要写明何时延长,何时延长期满。并正式向党组织提出转为正式党员的请求。

第二,本人在预备期间的表现。这是转正申请书的主要内容,应尽量写得具体、详细。

首先,从总的方面写自己入党后,在党组织的教育下,在提高思想政治觉悟、增强党性锻炼、解决思想上入党等方面所取得的收获,特别要对入党时存在的缺点是否改正作出分析。

其次,写明以党员标准要求自己,在政治、思想、工作、学习及发挥党员先锋模范作用等方面所取得的进步和成就。

最后,找准自己还存在的缺点和不足,提出今后努力方向,最好制订出改进措施。如果还有需要向党组织说明的问题,必须毫不隐瞒地写清楚。

第三,向党组织表明愿意接受长期考验的态度。

(4)署名和日期。

---

**转正申请书(模本)**

敬爱的党组织:

　　我是＊＊＊＊年5月5日被批准为中共预备党员的,预备期为一年,到＊＊＊＊年5月4日预备期满。为了让党组织如期讨论我的转正问题,现将转正申请送上,请审查。

　　·······································································

　　今天,我虽然向党组织递交了转正申请,但我仍愿意接受党组织的长期考验,并矢志不渝地把我的青春和热血奉献给党的伟大事业。

　　此致

敬礼!

　　　　　　　　　　　　　　　　申请人:＊＊＊

　　　　　　　　　　　　　　　　＊＊＊＊年＊＊月＊＊日

转正申请书(范例)

敬爱的党组织:

我是＊＊＊＊年5月5日被批准为中共预备党员的,预备期为一年,到＊＊＊＊年5月4日预备期满。为了让党组织如期讨论我的转正问题,现将转正申请送上,请审查。

入党一年来,我在党组织的严格要求下,在支部党员的帮助教育下,无论政治上、思想上都取得了较大进步。特别是通过参加党内一系列活动,不但加深了我对党的性质、宗旨的认识,更增强了自身的党性修养,从而认识到做一名合格的共产党员,不仅要解决组织上入党的问题,更要解决思想上入党的问题。

回顾这一年来的学习、工作情况,我的收获是很大的,归纳起来有以下几点:

一、明确了作为一名共产党员,必须把实现共产主义的远大理想与学习、工作的实际紧密结合起来

入党以前,我觉得做一名共产党员要有远大的理想,要有为共产主义奋斗终生的信念,但如何把远大的共产主义理想体现在现实生活中,当时并不十分清楚。入党以后,经过党组织一年来的教育帮助,我逐步认识到对青年党员来说,端正态度,刻苦学习,努力工作,更多地掌握科学本领,就是把远大的共产主义理想与现实生活结合的最佳方式。因此,我除了努力做好本职工作外,还从提高自身角度出发,紧密结合所学专业,选修有关课程,拓展知识领域,为将来进一步的发展打下坚实的基础。

二、明确了作为一名共产党员,必须旗帜鲜明地拥护党的方针政策,并带头执行

入党以前,自己所做的一切,都可以看成是个人行为。即使做得不对,也能得到他人的谅解。成为一名预备党员后,我觉得肩上的责任更重大了,自己的一言一行、一举一动,不是代表个人,而是代表整个组织。特别是在一些公共场合、特定场所,我必须以一名合格党员的身份出现,不但要模范遵守法律、法规和各项规章制度,而且要身体力行好党的各项决策、要求,时时处处做好表率。

三、明确了作为一名共产党员,必须不断增强为人民服务的意识,提高自己为人民服务的本领

入党以前,我觉得管好自己就不错了,根本没有把真诚地帮助他人纳入自己的职责范围内。后来通过学习和与培养联系人交换意见,我逐渐懂得了要成为一名合格的共产党员,就要不断增强为人民服务的意识,提高为人民服务的本领。于是,我在完成好自己本职工作的同时,还热心帮助其他青年经常。闲暇之余,我和几位青年义务参加社会实践活动,为老人洗衣、理发,和老人聊天,

给他们带去温馨和欢乐。所有这些,都让我由衷地感受到党的伟大、真情的可贵,我为自己能成为一名光荣的共产党员而感到无比自豪。

在一年的预备期里,我按照党组织的具体要求做了一些工作,发挥了一名共产党员的先锋模范作用。但是,对照《党章》检查自己,仍觉得存在一些缺点和不足,主要有以下两个方面:

一是团结青年不够普遍。由于我性格较内向,平时不善言谈,因而缺少与广大青年沟通交流,以致让人觉得我太孤傲,不合群。

二是理论学习还不够深入。由于平时工作忙,忽视了政治理论的学习。今后,我要加大政治学习力度,增强群众观念,做一名合格的共产党员。

今天,我虽然向党组织递交了转正申请报告,但我仍愿意接受党组织的长期考验,并矢志不渝地把我的青春和热血奉献给党的伟大事业。

此致

敬礼!

申请人:＊＊＊

＊＊＊＊年＊＊月＊＊日

2. 注意事项

(1)落款时间超过预备期或者不是预备期一周前。

(2)转正申请书过分简单、概括,没有体现思想进步的连续性,未对预备期间的思想、言行如实剖析。

(3)转正申请书中内容不是预备期中发生的事情。

(4)延长预备期后提出的转正申请,没有写与党组织有关负责人正式谈话及征求意见的内容。

## 五、会议记录

会议记录是在开会的过程中由专人如实记录会议基本情况和内容的书面材料。各党委(党总支)、党支部召开各类会议时,均应使用专门的工作手册进行记录。

1. 格式及基本内容

(1)会议的组织情况。

①会议名称;

②会议时间、地点;

③会议出席人数、请假或缺席人数、列席人数;

④会议主持人、记录人。

(2)会议的主要内容。

①会议议题;

②会议发言;

③会议讨论;

④会议表决(决议)。

---

＊＊＊＊＊＊＊＊＊(会议名称)

会议时间:＊＊＊＊年＊＊月＊＊日

会议地点:＊＊＊＊

党员总数:＊＊人(其中正式党员＊＊人)

出席人员:＊＊＊＊＊(人数较多时可用纸签到,粘贴在会议记录上)

列席人员:＊＊＊＊＊(人数较多时可用纸签到,粘贴在会议记录上)

请假人员:＊＊＊＊＊＊＊＊＊

缺席人员:＊＊＊＊＊＊＊＊＊

主持人:＊＊＊

记录人:＊＊＊

会议议题:

1.……

2.……

主持人:本支部应到党员＊＊名,实到会党员＊＊名。符合法定人数(半数以上),现在可以开会。

1. 主持人:……(会议内容)

(以下记载会议讨论情况)

---

＊＊＊(与会人员):
＊＊＊(与会人员):
2. 主持人:……(会议内容)
(以下记载会议讨论情况)
＊＊＊(与会人员):
＊＊＊(与会人员):
主持人:今天会议……(提出希望和要求)

2. 注意事项

(1)没有准确写明会议名称(要写全称),开会时间、地点,会议性质等。

(2)会议记录出现随意涂改、漏记的现象或记录不够完整。会议发言的内容是记录的重点,应忠实记录会议上的发言和有关动态。

(3)夹杂记录着的个人情感或有意增删发言内容。

(4)没有记录会议的结果,如会议的决定、决议或表决等情况。

(5)没有使用专门的《基层党组织工作手册》,更换新的工作手册时未在封面注明起止时间。

# 附录一　中国共产党章程

（中国共产党第十七次全国代表大会部分修改，
2007 年 10 月 21 日通过）

## 总　纲

中国共产党是中国工人阶级的先锋队,同时是中国人民和中华民族的先锋队,是中国特色社会主义事业的领导核心,代表中国先进生产力的发展要求,代表中国先进文化的前进方向,代表中国最广大人民的根本利益。党的最高理想和最终目标是实现共产主义。

中国共产党以马克思列宁主义、毛泽东思想、邓小平理论和"三个代表"重要思想作为自己的行动指南。

马克思列宁主义揭示了人类社会历史发展的规律,它的基本原理是正确的,具有强大的生命力。中国共产党人追求的共产主义最高理想,只有在社会主义社会充分发展和高度发达的基础上才能实现。社会主义制度的发展和完善是一个长期的历史过程。坚持马克思列宁主义的基本原理,走中国人民自愿选择的适合中国国情的道路,中国的社会主义事业必将取得最终的胜利。

以毛泽东同志为主要代表的中国共产党人,把马克思列宁主义的基本原理同中国革命的具体实践结合起来,创立了毛泽东思想。毛泽东思想是马克思列宁主义在中国的运用和发展,是被实践证明了的关于中国革命和建设的正确的理论原则和经验总结,是中国共产党集体智慧的结晶。在毛泽东思想指引下,中国共产党领导全国各族人民,经过长期的反对帝国主义、封建主义、官僚资本主义的革命斗争,取得了新民主主义革命的胜利,建立了人民民主专政的中华人民共和国;建国以后,顺利地进行了社会主义改造,完成了从新民主主义到社会主义的过渡,确立了社会主义基本制度,发展了社会主义的经济、政治和文化。

十一届三中全会以来,以邓小平同志为主要代表的中国共产党人,总结新中国成立以来正反两方面的经验,解放思想,实事求是,实现全党工作中心向经济建设的转移,实行改革开放,开辟了社会主义事业发展的新时期,逐步形成了建设中国特色社会主义的路线、方针、政策,阐明了在中国建设社会主义、巩固和发展社会主义的基本问题,创立了邓小平理论。邓小平理论是马克思列宁主义的基本原理同当代中国实践和时代特征相结合的产物,是毛泽东思想在新的历史条件下的继承和发展,是马克思主义在中国发展的新阶段,是当代中国的马克思主义,是中国共产党集体智慧的结晶,引导着我国社会主义现代化事业不断前进。

十三届四中全会以来,以江泽民同志为主要代表的中国共产党人,在建设中国特色社会主义的实践中,加深了对什么是社会主义、怎样建设社会主义和建设什么样的党、怎样建设党的认识,积累了治党治国新的宝贵经验,形成了"三个代表"重要思想。"三个代表"重要思想是对马克思列宁主义、毛泽东思想、邓小平理论的继承和发展,反映了当代世界和中国的发展变化对党和国家工作的新要求,是加强和改进党的建设、推进我国社会主义自我完善和发展的强大理论武器,是中国共产党集体智慧的结晶,是党必须长期坚持的指导思想。始终做到"三个代表",是我们党的立党之本、执政之基、力量之源。

十六大以来,党中央坚持以邓小平理论和"三个代表"重要思想为指导,根据新的发展要求,集中全党智慧,提出了以人为本、全面协调可持续发展的科学发展观。科学发展观,是同马克思列宁主义、毛泽东思想、邓小平理论和"三个代表"重要思想既一脉相承又与时俱进的科学理论,是我国经济社会发展的重要指导方针,是发展中国特色社会主义必须坚持和贯彻的重大战略思想。

改革开放以来我们取得一切成绩和进步的根本原因,归结起来就是:开辟了中国特色社会主义道路,形成了中国特色社会主义理论体系。全党同志要倍加珍惜、长期坚持和不断发展党历经艰辛开创的这条道路和这个理论体系,高举中国特色社会主义伟大旗帜,为实现推进现代化建设、完成祖国统一、维护世界和平与促进共同发展这三大历史任务而奋斗。

我国正处于并将长期处于社会主义初级阶段。这是在经济文化落后的中国建设社会主义现代化不可逾越的历史阶段,需要上百年的时间。我国的社会主义建设,必须从我国的国情出发,走中国特色社会主义道路。在现阶段,我国社会的主要矛盾是人民日益增长的物质文化需要同落后的社会生产之间的矛盾。由于国内的因素和国际的影响,阶级斗争还在一定范围内长期存在,在某种条件下还有可能激化,但已经不是主要矛盾。我国社会主义建设的根本任务,是进一步解放生产力,发展生产力,逐步实现社会主义现代化,并且为此而改革生产关系和上层建筑中不适应生产力发展的方面和环节。必须坚持和完善公有制为主体、多种所有制经济共同发展的基本经济制度,坚持和完善按劳分配为主体、多种分配方式并存的分配制度,鼓励一部分地区和一部分人先富起来,逐步消灭贫穷,达到共同富裕,在生产发展和社会财富增长的基础上不断满足人民日益增长的物质文化需要,促进人的全面发展。发展是我们党执政兴国的第一要务。各项工作都要把有利于发展社会主义社会的生产力,有利于增强社会主义国家的综合国力,有利于提高人民的生活水平,作为总的出发点和检验标准,尊重劳动、尊重知识、尊重人才、尊重创造,做到发展为了人民、发展依靠人民、发展成果由人民共享。跨入新世纪,我国进入全面建设小康社会、加快推进社会主义现代化的新的发展阶段。必须按照中国特色社会主义事业总体布局,全面推进经济建设、政治建设、文化建设、社会建设。在新世纪新阶段,经济和社会发展的战略目标是,巩固和发展已经初步达到的小康水平,到建党一百年时,建成惠及十几亿人口的更高水平的小康社会;到建国一百年时,人均国内生产总值达到中等发达国家水平,基本实现现代化。

中国共产党在社会主义初级阶段的基本路线是:领导和团结全国各族人民,以经济建设为中心,坚持四项基本原则,坚持改革开放,自力更生,艰苦创业,为把我国建设成为富强民主文明和谐的社会主义现代化国家而奋斗。

中国共产党在领导社会主义事业中,必须坚持以经济建设为中心,其他各项工作都服从和服务于这个中心。要抓紧时机,加快发展,实施科教兴国战略、人才强国战略和可持续发展战略,充分发挥科学技术作为第一生产力的作用,依靠科技进步,提高劳动者素质,促进国民经济又好又快发展。

坚持社会主义道路、坚持人民民主专政、坚持中国共产党的领导、坚持马克思列宁主义毛泽东思想这四项基本原则,是我们的立国之本。在社会主义现代化建设的整个过程中,必须坚持四项基本原则,反对资产阶级自由化。

坚持改革开放,是我们的强国之路。要从根本上改革束缚生产力发展的经济体制,坚持和完善社会主义市场经济体制;与此相适应,要进行政治体制改革和其他领域的改革。要坚持对外开放的基本国策,吸收和借鉴人类社会创造的一切文明成果。改革开放应当大胆探索,勇于开拓,提高改革决策的科学性,增强改革措施的协调性,在实践中开创新路。

中国共产党领导人民发展社会主义市场经济。毫不动摇地巩固和发展公有制经济,毫不动摇地鼓励、支持、引导非公有制经济发展。发挥市场在资源配置中的基础性作用,建立完善的宏观调控体系。统筹城乡发展、区域发展、经济社会发展、人与自然和谐发展、国内发展和对外开放,调整经济结构,转变经济发展方式。建设社会主义新农村,走中国特色新型工业化道路,建设创新型国家,建设资源节约型、环境友好型社会。

中国共产党领导人民发展社会主义民主政治。坚持党的领导、人民当家做主、依法治国有机统一,走中国特色社会主义政治发展道路,扩大社会主义民主,健全社会主义法制,建设社会主义法治国家,巩固人民民主专政,建设社会主义政治文明。坚持和完善人民代表大会制度、中国共产党领导的多党合作和政治协商制度、民族区域自治制度以及基层群众自治制度。切实保障人民管理国家事务和社会事务、管理经济和文化事业的权利。尊重和保障人权。广开言路,建立健全民主选举、民主决策、民主管理、民主监督的制度和程序。加强国家立法和法律实施工作,实现国家各项工作法制化。

中国共产党领导人民发展社会主义先进文化。建设社会主义精神文明,实行依法治国和以德治国相结合,提高全民族的思想道德素质和科学文化素质,为改革开放和社会主义现代化建设提供强大的思想保证、精神动力和智力支持。坚持马克思主义指导思想,树立中国特色社会主义共同理想,弘扬以爱国主义为核心的民族精神和以改革创新为核心的时代精神,倡导社会主义荣辱观,增强民族自尊、自信和自强精神,抵御资本主义和封建主义腐朽思想的侵蚀,扫除各种社会丑恶现象,努力使我国人民成为有理想、有道德、有文化、有纪律的人民。对党员还要进行共产主义远大理想教育。大力发展教育、科学、文化事业,弘扬民族优秀传统文化,繁荣和发展社会主义文化。

中国共产党领导人民构建社会主义和谐社会。按照民主法治、公平正义、诚信友爱、充满活力、安定有序、人与自然和谐相处的总要求和共同建设、共同享有的原则,以改善民生为重点,解决好人民最关心、最直接、最现实的利益问题,努力形成全体人民各尽其能、各得其所而又和谐相处的局面。严格区分和正确处理敌我矛盾和人民内部矛盾这两类不同性质的矛盾。加强社会治安综合治理,依法坚决打击各种危害国家安全和利益、危害社会稳定和经济发展的犯罪活动和犯罪分子,保持社会长期稳定。

中国共产党坚持对人民解放军和其他人民武装力量的领导,加强人民解放军的建设,切实保证人民解放军履行新世纪新阶段军队历史使命,充分发挥人民解放军在巩固国防、保卫祖国和参加社会主义现代化建设中的作用。

中国共产党维护和发展平等团结互助和谐的社会主义民族关系，积极培养、选拔少数民族干部，帮助少数民族和民族地区发展经济、文化和社会事业，实现各民族共同团结奋斗、共同繁荣发展。全面贯彻党的宗教工作基本方针，团结信教群众为经济社会发展作贡献。

中国共产党同全国各民族工人、农民、知识分子团结在一起，同各民主党派、无党派人士、各民族的爱国力量团结在一起，进一步发展和壮大由全体社会主义劳动者、社会主义事业的建设者、拥护社会主义的爱国者、拥护祖国统一的爱国者组成的最广泛的爱国统一战线。不断加强全国人民包括香港特别行政区同胞、澳门特别行政区同胞、台湾同胞和海外侨胞的团结。按照"一个国家、两种制度"的方针，促进香港、澳门长期繁荣稳定，完成祖国统一大业。

中国共产党坚持独立自主的和平外交政策，坚持和平发展道路，坚持互利共赢的开放战略，统筹国内国际两个大局，积极发展对外关系，努力为我国的改革开放和现代化建设争取有利的国际环境。在国际事务中，维护我国的独立和主权，反对霸权主义和强权政治，维护世界和平，促进人类进步，努力推动建设持久和平、共同繁荣的和谐世界。在互相尊重主权和领土完整、互不侵犯、互不干涉内政、平等互利、和平共处五项原则的基础上，发展我国同世界各国的关系。不断发展我国同周边国家的睦邻友好关系，加强同发展中国家的团结与合作。按照独立自主、完全平等、互相尊重、互不干涉内部事务的原则，发展我党同各国共产党和其他政党的关系。

中国共产党要领导全国各族人民实现社会主义现代化的宏伟目标，必须紧密围绕党的基本路线，加强党的执政能力建设和先进性建设，以改革创新精神全面推进党的建设新的伟大工程。坚持立党为公、执政为民，坚持党要管党、从严治党，发扬党的优良传统和作风，不断提高党的领导水平和执政水平，提高拒腐防变和抵御风险的能力，不断增强党的阶级基础和扩大党的群众基础，不断提高党的创造力、凝聚力、战斗力,使我们党始终走在时代前列,成为领导全国人民沿着中国特色社会主义道路不断前进的坚强核心。党的建设必须坚决实现以下四项基本要求:

第一,坚持党的基本路线。全党要用邓小平理论、"三个代表"重要思想和党的基本路线统一思想,统一行动,深入贯彻落实科学发展观,并且毫不动摇地长期坚持下去。必须把改革开放同四项基本原则统一起来,全面落实党的基本路线,全面执行党在社会主义初级阶段的基本纲领,反对一切"左"的和右的错误倾向,要警惕右,但主要是防止"左"。加强各级领导班子建设,选拔使用在改革开放和社会主义现代化建设中政绩突出、群众信任的干部,培养和造就千百万社会主义事业接班人,从组织上保证党的基本理论、基本路线、基本纲领、基本经验的贯彻落实。

第二,坚持解放思想,实事求是,与时俱进。党的思想路线是一切从实际出发,理论联系实际,实事求是,在实践中检验真理和发展真理。全党必须坚持这条思想路线,弘扬求真务实精神,积极探索,大胆试验,开拓创新,创造性地开展工作,不断研究新情况,总结新经验,解决新问题,在实践中丰富和发展马克思主义,推进马克思主义中国化。

第三,坚持全心全意为人民服务。党除了工人阶级和最广大人民群众的利益,没有自己特殊的利益。党在任何时候都把群众利益放在第一位,同群众同甘共苦,保持最密切的联系,坚持权为民所用、情为民所系、利为民所谋,不允许任何党员脱离群众,凌驾于群众之上。党在自己的工作中实行群众路线,一切为了群众,一切依靠群众,从群众中来,到群众中去,把党的正确主张变为群众的自觉行动。我们党的最大政治优势是密切联系群众,党执政后的最大危险是脱离群众。党风问题、党同人民群众联系问题是关系党生死存亡的问题。党坚持标本兼治、综合治理、惩防并举、注重预防的方针,建立健全惩治和预防腐败体系,坚持不懈地反对腐败,加强党风建设和廉政建设。

第四，坚持民主集中制。民主集中制是民主基础上的集中和集中指导下的民主相结合。它既是党的根本组织原则，也是群众路线在党的生活中的运用。必须充分发扬党内民主，保障党员民主权利，发挥各级党组织和广大党员的积极性创造性。必须实行正确的集中，保证全党的团结统一和行动一致，保证党的决定得到迅速有效的贯彻执行。加强组织性纪律性，在党的纪律面前人人平等。加强对党的领导机关和党员领导干部的监督，不断完善党内监督制度。党在自己的政治生活中正确地开展批评和自我批评，在原则问题上进行思想斗争，坚持真理，修正错误。努力造成又有集中又有民主，又有纪律又有自由，又有统一意志又有个人心情舒畅的生动活泼的政治局面。

　　党的领导主要是政治、思想和组织的领导。党要适应改革开放和社会主义现代化建设的要求，坚持科学执政、民主执政、依法执政，加强和改善党的领导。党必须按照总揽全局、协调各方的原则，在同级各种组织中发挥领导核心作用。党必须集中精力领导经济建设，组织、协调各方面的力量，同心协力，围绕经济建设开展工作，促进经济社会全面发展。党必须实行民主的科学的决策，制定和执行正确的路线、方针、政策，做好党的组织工作和宣传教育工作，发挥全体党员的先锋模范作用。党必须在宪法和法律的范围内活动。党必须保证国家的立法、司法、行政机关，经济、文化组织和人民团体积极主动地、独立负责地、协调一致地工作。党必须加强对工会、共产主义青年团、妇女联合会等群众组织的领导，充分发挥它们的作用。党必须适应形势的发展和情况的变化，完善领导体制，改进领导方式，增强执政能力。共产党员必须同党外群众亲密合作，共同为建设中国特色社会主义而奋斗。

# 第一章　党员

**第一条**　年满十八岁的中国工人、农民、军人、知识分子和其他社会阶层的先进分子，承认党的纲领和章程，愿意参加党的一个组织并在其中积极工作、执行党的决议和按期交纳党费的，可以申请加入中国共产党。

**第二条**　中国共产党党员是中国工人阶级的有共产主义觉悟的先锋战士。

中国共产党党员必须全心全意为人民服务，不惜牺牲个人的一切，为实现共产主义奋斗终生。

中国共产党党员永远是劳动人民的普通一员。除了法律和政策规定范围内的个人利益和工作职权以外，所有共产党员都不得谋求任何私利和特权。

**第三条**　党员必须履行下列义务：

（一）认真学习马克思列宁主义、毛泽东思想、邓小平理论和"三个代表"重要思想，学习科学发展观，学习党的路线、方针、政策和决议，学习党的基本知识，学习科学、文化、法律和业务知识，努力提高为人民服务的本领。

（二）贯彻执行党的基本路线和各项方针、政策，带头参加改革开放和社会主义现代化建设，带动群众为经济发展和社会进步艰苦奋斗，在生产、工作、学习和社会生活中起先锋模范作用。

（三）坚持党和人民的利益高于一切，个人利益服从党和人民的利益，吃苦在前，享受在后，克己奉公，多做贡献。

（四）自觉遵守党的纪律，模范遵守国家的法律法规，严格保守党和国家的秘密，执行党的决定，服从组织分配，积极完成党的任务。

（五）维护党的团结和统一，对党忠诚老实，言行一致，坚决反对一切派别组织和小集团活动，反对阳奉阴违的两面派行为和一切阴谋诡计。

（六）切实开展批评和自我批评，勇于揭露和纠正工作中的缺点、错误，坚决同消极腐败现象作斗争。

（七）密切联系群众，向群众宣传党的主张，遇事同群众商量，及时向党反映群众的意见和要求，维护群众的正当利益。

（八）发扬社会主义新风尚，带头实践社会主义荣辱观，提倡共产主义道德，为了保护国家和人民的利益，在一切困难和危险的时刻挺身而出，英勇斗争，不怕牺牲。

**第四条** 党员享有下列权利：

（一）参加党的有关会议，阅读党的有关文件，接受党的教育和培训。

（二）在党的会议上和党报党刊上，参加关于党的政策问题的讨论。

（三）对党的工作提出建议和倡议。

（四）在党的会议上有根据地批评党的任何组织和任何党员，向党负责地揭发、检举党的任何组织和任何党员违法乱纪的事实，要求处分违法乱纪的党员，要求罢免或撤换不称职的干部。

（五）行使表决权、选举权，有被选举权。

（六）在党组织讨论决定对党员的党纪处分或作出鉴定时，本人有权参加和进行申辩，其他党员可以为他作证和辩护。

（七）对党的决议和政策如有不同意见，在坚决执行的前提下，可以声明保留，并且可以把自己的意见向党的上级组织直至中央提出。

（八）向党的上级组织直至中央提出请求、申诉和控告，并要求有关组织给以负责的答复。

党的任何一级组织直至中央都无权剥夺党员的上述权利。

**第五条** 发展党员，必须经过党的支部，坚持个别吸收的原则。

申请入党的人，要填写入党志愿书，要有两名正式党员做介绍人，要经过支部大会通过和上级党组织批准，并且经过预备期的考察,才能成为正式党员。

介绍人要认真了解申请人的思想、品质、经历和工作表现,向他解释党的纲领和党的章程,说明党员的条件、义务和权利,并向党组织作出负责的报告。

党的支部委员会对申请入党的人,要注意征求党内外有关群众的意见,进行严格的审查,认为合格后再提交支部大会讨论。

上级党组织在批准申请人入党以前,要派人同他谈话,作进一步的了解,并帮助他提高对党的认识。

在特殊情况下,党的中央和省、自治区、直辖市委员会可以直接接收党员。

**第六条** 预备党员必须面向党旗进行入党宣誓。誓词如下:我志愿加入中国共产党,拥护党的纲领,遵守党的章程,履行党员义务,执行党的决定,严守党的纪律,保守党的秘密,对党忠诚,积极工作,为共产主义奋斗终生,随时准备为党和人民牺牲一切,永不叛党。

**第七条** 预备党员的预备期为一年。党组织对预备党员应当认真教育和考察。

预备党员的义务同正式党员一样。预备党员的权利,除了没有表决权、选举权和被选举权以外,也同正式党员一样。

预备党员预备期满,党的支部应当及时讨论他能否转为正式党员。认真履行党员义务,具备党员条件的,应当按期转为正式党员;需要继续考察和教育的,可以延长预备期,但不能超过一年;不履行党员义务,不具备党员条件的,应当取消预备党员资格。预备党员转为正式党员,或延长预备期,或取消预备党员资格,都应当经支部大会讨论通过和上级党组织批准。

预备党员的预备期,从支部大会通过他为预备党员之日算起。党员的党龄,从预备期满转为正式党员之日算起。

**第八条** 每个党员,不论职务高低,都必须编入党的一个支部、小组或其他特定组织,参加党的组织生活,接受党内外群众的监督。党员领导干部还必须参加党委、党组的民主生活会。不允许有任何不参加党的组织生活、不接受党内外群众监督的特殊党员。

**第九条** 党员有退党的自由。党员要求退党,应当经支部大会讨论后宣布除名,并报上级党组织备案。

党员缺乏革命意志,不履行党员义务,不符合党员条件,党的支部应当对他进行教育,要求他限期改正;经教育仍无转变的,应当劝他退党。劝党员退党,应当经支部大会讨论决定,并报上级党组织批准。如被劝告退党的党员坚持不退,应当提交支部大会讨论,决定把他除名,并报上级党组织批准。

党员如果没有正当理由,连续六个月不参加党的组织生活,或不交纳党费,或不做党所分配的工作,就被认为是自行脱党。支部大会应当决定把这样的党员除名,并报上级党组织批准。

# 第二章 党的组织制度

**第十条** 党是根据自己的纲领和章程,按照民主集中制组织起来的统一整体。党的民主集中制的基本原则是:

(一)党员个人服从党的组织,少数服从多数,下级组织服从上级组织,全党各个组织和全体党员服从党的全国代表大会和中央委员会。

(二)党的各级领导机关,除它们派出的代表机关和在非党组织中的党组外,都由选举产生。

(三)党的最高领导机关,是党的全国代表大会和它所产生的中央委员会。党的地方各级领导机关,是党的地方各级代表大会和它们所产生的委员会。党的各级委员会向同级的代表大会负责并报告工作。

(四)党的上级组织要经常听取下级组织和党员群众的意见,及时解决他们提出的问题。党的下级组织既要向上级组织请示和报告工作,又要独立负责地解决自己职责范围内的问题。上下级组织之间要互通情报、互相支持和互相监督。党的各级组织要按规定实行党务公开,使党员对党内事务有更多的了解和参与。

(五)党的各级委员会实行集体领导和个人分工负责相结合的制度。凡属重大问题都要按照集体领导、民主集中、个别酝酿、会议决定的原则,由党的委员会集体讨论,作出决定;委员会成员要根据集体的决定和分工,切实履行自己的职责。

(六)党禁止任何形式的个人崇拜。要保证党的领导人的活动处于党和人民的监督之下,同时维护一切代表党和人民利益的领导人的威信。

**第十一条** 党的各级代表大会的代表和委员会的产生,要体现选举人的意志。选举采用无记名投票的方式。候选人名单要由党组织和选举人充分酝酿讨论。可以直接采用候选人数多于应选人数的差额选举办法进行正式选举。也可以先采用差额选举办法进行预选,产生候选人名单,然后进行正式选举。选举人有了解候选人情况、要求改变候选人、不选任何一个候选人和另选他人的权利。任何组织和个人不得以任何方式强迫选举人选举或不选举某个人。

党的地方各级代表大会和基层代表大会的选举,如果发生违反党章的情况,上一级党的委员会在调查核实后,应作出选举无效和采取相应措施的决定,并报再上一级党的委员会审查批准,正式宣布执行。

党的各级代表大会代表实行任期制。

**第十二条** 党的中央和地方各级委员会在必要时召集代表会议,讨论和决定需要及时解决的重大问题。代表会议代表的名额和产生办法,由召集代表会议的委员会决定。

**第十三条** 凡是成立党的新组织,或是撤销党的原有组织,必须由上级党组织决定。

在党的地方各级代表大会和基层代表大会闭会期间,上级党的组织认为有必要时,可以调动或者指派下级党组织的负责人。

党的中央和地方各级委员会可以派出代表机关。

党的中央和省、自治区、直辖市委员会实行巡视制度。

第十四条　党的各级领导机关,对同下级组织有关的重要问题作出决定时,在通常情况下,要征求下级组织的意见。要保证下级组织能够正常行使他们的职权。凡属应由下级组织处理的问题,如无特殊情况,上级领导机关不要干预。

第十五条　有关全国性的重大政策问题,只有党中央有权作出决定,各部门、各地方的党组织可以向中央提出建议,但不得擅自作出决定和对外发表主张。

党的下级组织必须坚决执行上级组织的决定。下级组织如果认为上级组织的决定不符合本地区、本部门的实际情况,可以请求改变;如果上级组织坚持原决定,下级组织必须执行,并不得公开发表不同意见,但有权向再上一级组织报告。

党的各级组织的报刊和其他宣传工具,必须宣传党的路线、方针、政策和决议。

第十六条　党组织讨论决定问题,必须执行少数服从多数的原则。决定重要问题,要进行表决。对于少数人的不同意见,应当认真考虑。如对重要问题发生争论,双方人数接近,除了在紧急情况下必须按多数意见执行外,应当暂缓作出决定,进一步调查研究,交换意见,下次再表决;在特殊情况下,也可将争论情况向上级组织报告,请求裁决。

党员个人代表党组织发表重要主张,如果超出党组织已有决定的范围,必须提交所在的党组织讨论决定,或向上级党组织请示。任何党员不论职务高低,都不能个人决定重大问题;如遇紧急情况,必须由个人作出决定时,事后要迅速向党组织报告。不允许任何领导人实行个人专断和把个人凌驾于组织之上。

第十七条　党的中央、地方和基层组织,都必须重视党的建设,经常讨论和检查党的宣传工作、教育工作、组织工作、纪律检查工作、群众工作、统一战线工作等,注意研究党内外的思想政治状况。

# 第三章　党的中央组织

**第十八条**　党的全国代表大会每五年举行一次,由中央委员会召集。中央委员会认为有必要,或者有三分之一以上的省一级组织提出要求,全国代表大会可以提前举行;如无非常情况,不得延期举行。

全国代表大会代表的名额和选举办法,由中央委员会决定。

**第十九条**　党的全国代表大会的职权是:

(一)听取和审查中央委员会的报告;

(二)听取和审查中央纪律检查委员会的报告;

(三)讨论并决定党的重大问题;

(四)修改党的章程;

(五)选举中央委员会;

(六)选举中央纪律检查委员会。

**第二十条**　党的全国代表会议的职权是:讨论和决定重大问题;调整和增选中央委员会、中央纪律检查委员会的部分成员。调整和增选中央委员及候补中央委员的数额,不得超过党的全国代表大会选出的中央委员及候补中央委员各自总数的五分之一。

**第二十一条**　党的中央委员会每届任期五年。全国代表大会如提前或延期举行,它的任期相应地改变。中央委员会委员和候补委员必须有五年以上的党龄。中央委员会委员和候补委员的名额,由全国代表大会决定。中央委员会委员出缺,由中央委员会候补委员按照得票多少依次递补。

中央委员会全体会议由中央政治局召集,每年至少举行一次。中央政治局向中央委员会全体会议报告工作,接受监督。

在全国代表大会闭会期间,中央委员会执行全国代表大会的决议,领导党的全部工作,对外代表中国共产党。

第二十二条　党的中央政治局、中央政治局常务委员会和中央委员会总书记,由中央委员会全体会议选举。中央委员会总书记必须从中央政治局常务委员会委员中产生。

中央政治局和它的常务委员会在中央委员会全体会议闭会期间,行使中央委员会的职权。

中央书记处是中央政治局和它的常务委员会的办事机构;成员由中央政治局常务委员会提名,中央委员会全体会议通过。

中央委员会总书记负责召集中央政治局会议和中央政治局常务委员会会议,并主持中央书记处的工作。

党的中央军事委员会组成人员由中央委员会决定。

每届中央委员会产生的中央领导机构和中央领导人,在下届全国代表大会开会期间,继续主持党的经常工作,直到下届中央委员会产生新的中央领导机构和中央领导人为止。

第二十三条　中国人民解放军的党组织,根据中央委员会的指示进行工作。中央军事委员会的政治工作机关是中国人民解放军总政治部,总政治部负责管理军队中党的工作和政治工作。军队中党的组织体制和机构,由中央军事委员会作出规定。

# 第四章　党的地方组织

第二十四条　党的省、自治区、直辖市的代表大会,设区的市和自治州的代表大会,县(旗)、自治县、不设区的市和市辖区的代表大会,每五年举行一次。

党的地方各级代表大会由同级党的委员会召集。在特殊情况下,经上一级委员会批准,可以提前或延期举行。

党的地方各级代表大会代表的名额和选举办法,由同级党的委员会决定,并报上一级党的委员会批准。

第二十五条　党的地方各级代表大会的职权是:

（一）听取和审查同级委员会的报告；

（二）听取和审查同级纪律检查委员会的报告；

（三）讨论本地区范围内的重大问题并作出决议；

（四）选举同级党的委员会，选举同级党的纪律检查委员会。

**第二十六条** 党的省、自治区、直辖市、设区的市和自治州的委员会，每届任期五年。这些委员会的委员和候补委员必须有五年以上的党龄。

党的县（旗）、自治县、不设区的市和市辖区的委员会，每届任期五年。这些委员会的委员和候补委员必须有三年以上的党龄。

党的地方各级代表大会如提前或延期举行，由它选举的委员会的任期相应地改变。

党的地方各级委员会的委员和候补委员的名额，分别由上一级委员会决定。党的地方各级委员会委员出缺，由候补委员按照得票多少依次递补。

党的地方各级委员会全体会议，每年至少召开两次。

党的地方各级委员会在代表大会闭会期间，执行上级党组织的指示和同级党代表大会的决议，领导本地方的工作，定期向上级党的委员会报告工作。

**第二十七条** 党的地方各级委员会全体会议，选举常务委员会和书记、副书记，并报上级党的委员会批准。党的地方各级委员会的常务委员会，在委员会全体会议闭会期间，行使委员会职权；在下届代表大会开会期间，继续主持经常工作，直到新的常务委员会产生为止。

党的地方各级委员会的常务委员会定期向委员会全体会议报告工作，接受监督。

**第二十八条** 党的地区委员会和相当于地区委员会的组织，是党的省、自治区委员会在几个县、自治县、市范围内派出的代表机关。它根据省、自治区委员会的授权，领导本地区的工作。

# 第五章 党的基层组织

　　**第二十九条** 企业、农村、机关、学校、科研院所、街道社区、社会组织、人民解放军连队和其他基层单位，凡是有正式党员三人以上的，都应当成立党的基层组织。

　　党的基层组织，根据工作需要和党员人数，经上级党组织批准，分别设立党的基层委员会、总支部委员会、支部委员会。基层委员会由党员大会或代表大会选举产生，总支部委员会和支部委员会由党员大会选举产生，提出委员候选人要广泛征求党员和群众的意见。

　　**第三十条** 党的基层委员会每届任期三年至五年，总支部委员会、支部委员会每届任期两年或三年。基层委员会、总支部委员会、支部委员会的书记、副书记选举产生后，应报上级党组织批准。

　　**第三十一条** 党的基层组织是党在社会基层组织中的战斗堡垒，是党的全部工作和战斗力的基础。它的基本任务是：

　　（一）宣传和执行党的路线、方针、政策，宣传和执行党中央、上级组织和本组织的决议，充分发挥党员的先锋模范作用，团结、组织党内外的干部和群众，努力完成本单位所担负的任务。

　　（二）组织党员认真学习马克思列宁主义、毛泽东思想、邓小平理论和"三个代表"重要思想，学习科学发展观，学习党的路线、方针、政策和决议，学习党的基本知识，学习科学、文化、法律和业务知识。

　　（三）对党员进行教育、管理、监督和服务，提高党员素质，增强党性，严格党的组织生活，开展批评和自我批评，维护和执行党的纪律，监督党员切实履行义务，保障党员的权利不受侵犯。加强和改进流动党员管理。

　　（四）密切联系群众，经常了解群众对党员、党的工作的批评和意见，维护群众的正当权利和利益，做好群众的思想政治工作。

（五）充分发挥党员和群众的积极性创造性，发现、培养和推荐他们中间的优秀人才，鼓励和支持他们在改革开放和社会主义现代化建设中贡献自己的聪明才智。

（六）对要求入党的积极分子进行教育和培养，做好经常性的发展党员工作，重视在生产、工作第一线和青年中发展党员。

（七）监督党员干部和其他任何工作人员严格遵守国法政纪，严格遵守国家的财政经济法规和人事制度，不得侵占国家、集体和群众的利益。

（八）教育党员和群众自觉抵制不良倾向，坚决同各种违法犯罪行为作斗争。

**第三十二条** 街道、乡、镇党的基层委员会和村、社区党组织，领导本地区的工作，支持和保证行政组织、经济组织和群众自治组织充分行使职权。

国有企业和集体企业中党的基层组织，发挥政治核心作用，围绕企业生产经营开展工作。保证监督党和国家的方针、政策在本企业的贯彻执行；支持股东会、董事会、监事会和经理（厂长）依法行使职权；全心全意依靠职工群众，支持职工代表大会开展工作；参与企业重大问题的决策；加强党组织的自身建设，领导思想政治工作、精神文明建设和工会、共青团等群众组织。

非公有制经济组织中党的基层组织，贯彻党的方针政策，引导和监督企业遵守国家的法律法规，领导工会、共青团等群众组织，团结凝聚职工群众，维护各方的合法权益，促进企业健康发展。

实行行政领导人负责制的事业单位中党的基层组织，发挥政治核心作用。实行党委领导下的行政领导人负责制的事业单位中党的基层组织，对重大问题进行讨论和作出决定，同时保证行政领导人充分行使自己的职权。

各级党和国家机关中党的基层组织，协助行政负责人完成任务，改进工作，对包括行政负责人在内的每个党员进行监督，不领导本单位的业务工作。

# 第六章 党的干部

**第三十三条** 党的干部是党的事业的骨干,是人民的公仆。党按照德才兼备的原则选拔干部,坚持任人唯贤,反对任人唯亲,努力实现干部队伍的革命化、年轻化、知识化、专业化。

党重视教育、培训、选拔和考核干部,特别是培养、选拔优秀年轻干部。积极推进干部制度改革。

党重视培养、选拔女干部和少数民族干部。

**第三十四条** 党的各级领导干部必须模范地履行本章程第三条所规定的党员的各项义务,并且必须具备以下的基本条件:

(一)具有履行职责所需要的马克思列宁主义、毛泽东思想、邓小平理论的水平,认真实践"三个代表"重要思想,带头贯彻落实科学发展观,努力用马克思主义的立场、观点、方法分析和解决实际问题,坚持讲学习、讲政治、讲正气,经得起各种风浪的考验。

(二)具有共产主义远大理想和中国特色社会主义坚定信念,坚决执行党的基本路线和各项方针、政策,立志改革开放,献身现代化事业,在社会主义建设中艰苦创业,树立正确政绩观,做出经得起实践、人民、历史检验的实绩。

(三)坚持解放思想,实事求是,与时俱进,开拓创新,认真调查研究,能够把党的方针、政策同本地区、本部门的实际相结合,卓有成效地开展工作,讲实话,办实事,求实效,反对形式主义。

(四)有强烈的革命事业心和政治责任感,有实践经验,有胜任领导工作的组织能力、文化水平和专业知识。

(五)正确行使人民赋予的权力,依法办事,清正廉洁,勤政为民,以身作则,艰苦朴素,密切联系群众,坚持党的群众路线,自觉地接受党和群众的批评和监督,加强道德修养,做到自重、自省、自警、自励,反对官僚主义,反对任何滥用职权、谋求私利的不正之风。

（六）坚持和维护党的民主集中制，有民主作风，有全局观念，善于团结同志，包括团结同自己有不同意见的同志一道工作。

第三十五条　党员干部要善于同党外干部合作共事，尊重他们，虚心学习他们的长处。

党的各级组织要善于发现和推荐有真才实学的党外干部担任领导工作，保证他们有职有权，充分发挥他们的作用。

第三十六条　党的各级领导干部，无论是由民主选举产生的，或是由领导机关任命的，他们的职务都不是终身的，都可以变动或解除。

年龄和健康状况不适宜于继续担任工作的干部，应当按照国家的规定退、离休。

# 第七章　党的纪律

第三十七条　党的纪律是党的各级组织和全体党员必须遵守的行为规则，是维护党的团结统一、完成党的任务的保证。党组织必须严格执行和维护党的纪律，共产党员必须自觉接受党的纪律的约束。

第三十八条　党组织对违犯党的纪律的党员，应当本着惩前毖后、治病救人的精神，按照错误性质和情节轻重，给以批评教育直至纪律处分。

严重触犯刑律的党员必须开除党籍。

党内严格禁止用违反党章和国家法律的手段对待党员，严格禁止打击报复和诬告陷害。违反这些规定的组织或个人必须受到党的纪律和国家法律的追究。

第三十九条　党的纪律处分有五种：警告、严重警告、撤销党内职务、留党察看、开除党籍。

留党察看最长不超过两年。党员在留党察看期间没有表决权、选举权和被选举权。党员经过留党察看，确已改正错误的，应当恢复其党员的权利;坚持错误不改的,应当开除党籍。

开除党籍是党内的最高处分。各级党组织在决定或批准开除党员党籍的时候,应当全面研究有关的材料和意见,采取十分慎重的态度。

**第四十条**　对党员的纪律处分,必须经过支部大会讨论决定,报党的基层委员会批准;如果涉及的问题比较重要或复杂,或给党员以开除党籍的处分,应分别不同情况,报县级或县级以上党的纪律检查委员会审查批准。在特殊情况下,县级和县级以上各级党的委员会和纪律检查委员会有权直接决定给党员以纪律处分。

对党的中央委员会和地方各级委员会的委员、候补委员,给以撤销党内职务、留党察看或开除党籍的处分,必须由本人所在的委员会全体会议三分之二以上的多数决定。在特殊情况下,可以先由中央政治局和地方各级委员会常务委员会作出处理决定,待召开委员会全体会议时予以追认。对地方各级委员会委员和候补委员的上述处分,必须经过上级党的委员会批准。

严重触犯刑律的中央委员会委员、候补委员,由中央政治局决定开除其党籍;严重触犯刑律的地方各级委员会委员、候补委员,由同级委员会常务委员会决定开除其党籍。

**第四十一条**　党组织对党员作出处分决定,应当实事求是地查清事实。处分决定所依据的事实材料和处分决定必须同本人见面,听取本人说明情况和申辩。如果本人对处分决定不服,可以提出申诉,有关党组织必须负责处理或者迅速转递,不得扣压。对于确属坚持错误意见和无理要求的人,要给以批评教育。

**第四十二条**　党组织如果在维护党的纪律方面失职,必须受到追究。

对于严重违犯党的纪律、本身又不能纠正的党组织,上一级党的委员会在查明核实后,应根据情节严重的程度,作出进行改组或予以解散的决定,并报再上一级党的委员会审查批准,正式宣布执行。

# 第八章　党的纪律检查机关

**第四十三条**　党的中央纪律检查委员会在党的中央委员会领导下进行工作。党的地方各级纪律检查委员会和基层纪律检查委员会在同级党的委员会和上级纪律检查委员会双重领导下进行工作。

党的各级纪律检查委员会每届任期和同级党的委员会相同。

党的中央纪律检查委员会全体会议，选举常务委员会和书记、副书记，并报党的中央委员会批准。党的地方各级纪律检查委员会全体会议，选举常务委员会和书记、副书记，并由同级党的委员会通过，报上级党的委员会批准。党的基层委员会是设立纪律检查委员会，还是设立纪律检查委员，由它的上一级党组织根据具体情况决定。党的总支部委员会和支部委员会设纪律检查委员。

党的中央纪律检查委员会根据工作需要，可以向中央一级党和国家机关派驻党的纪律检查组或纪律检查员。纪律检查组组长或纪律检查员可以列席该机关党的领导组织的有关会议。他们的工作必须受到该机关党的领导组织的支持。

**第四十四条**　党的各级纪律检查委员会的主要任务是：维护党的章程和其他党内法规，检查党的路线、方针、政策和决议的执行情况，协助党的委员会加强党风建设和组织协调反腐败工作。

各级纪律检查委员会要经常对党员进行遵守纪律的教育，作出关于维护党纪的决定；对党员领导干部行使权力进行监督；检查和处理党的组织和党员违反党的章程和其他党内法规的比较重要或复杂的案件，决定或取消对这些案件中的党员的处分；受理党员的控告和申诉；保障党员的权利。

各级纪律检查委员会要把处理特别重要或复杂的案件中的问题和处理的结果，向同级党的委员会报告。党的地方各级纪律检查委员会和基层纪律检查委员会要同时向上级纪律检查委员会报告。

各级纪律检查委员会发现同级党的委员会委员有违犯党的纪律的行为,可以先进行初步核实,如果需要立案检查的,应当报同级党的委员会批准,涉及常务委员的,经报告同级党的委员会后报上一级纪律检查委员会批准。

**第四十五条**　上级纪律检查委员会有权检查下级纪律检查委员会的工作,并且有权批准和改变下级纪律检查委员会对于案件所作的决定。如果所要改变的该下级纪律检查委员会的决定,已经得到它的同级党的委员会的批准,这种改变必须经过它的上一级党的委员会批准。

党的地方各级纪律检查委员会和基层纪律检查委员会如果对同级党的委员会处理案件的决定有不同意见,可以请求上一级纪律检查委员会予以复查;如果发现同级党的委员会或它的成员有违犯党的纪律的情况,在同级党的委员会不给予解决或不给予正确解决的时候,有权向上级纪律检查委员会提出申诉,请求协助处理。

# 第九章　党组

**第四十六条**　在中央和地方国家机关、人民团体、经济组织、文化组织和其他非党组织的领导机关中,可以成立党组。党组发挥领导核心作用。党组的任务,主要是负责贯彻执行党的路线、方针、政策;讨论和决定本单位的重大问题;做好干部管理工作;团结党外干部和群众,完成党和国家交给的任务;指导机关和直属单位党组织的工作。

**第四十七条**　党组的成员,由批准成立党组的党组织决定。党组设书记,必要时还可以设副书记。

党组必须服从批准它成立的党组织领导。

**第四十八条**　对下属单位实行集中统一领导的国家工作部门可以建立党委,党委的产生办法、职权和工作任务,由中央另行规定。

## 第十章　党和共产主义青年团的关系

**第四十九条**　中国共产主义青年团是中国共产党领导的先进青年的群众组织，是广大青年在实践中学习中国特色社会主义和共产主义的学校，是党的助手和后备军。共青团中央委员会受党中央委员会领导。共青团的地方各级组织受同级党的委员会领导，同时受共青团上级组织领导。

**第五十条**　党的各级委员会要加强对共青团的领导，注意团的干部的选拔和培训。党要坚决支持共青团根据广大青年的特点和需要，生动活泼地、富于创造性地进行工作，充分发挥团的突击队作用和联系广大青年的桥梁作用。

团的县级和县级以下各级委员会书记，企业事业单位的团委员会书记，是党员的，可以列席同级党的委员会和常务委员会的会议。

## 第十一章　党徽党旗

**第五十一条**　中国共产党党徽为镰刀和锤头组成的图案。

**第五十二条**　中国共产党党旗为旗面缀有金黄色党徽图案的红旗。

**第五十三条**　中国共产党的党徽党旗是中国共产党的象征和标志。党的各级组织和每一个党员都要维护党徽党旗的尊严。要按照规定制作和使用党徽党旗。

# 附录二　党课自测题

## （满分 100 分）

### 一、填空题（每题 0.5 分，共 10 分）

1. 中国共产党是中国工人阶级的先锋队，同时是中国人民和＿＿＿的先锋队。党的最高理想和最终目标是＿＿＿。

2. ＿＿＿是中国特色社会主义事业取得胜利的根本保证。

3. 党代表中国＿＿＿的发展要求，代表中国＿＿＿的前进方向，代表中国＿＿＿的根本利益。

4. 中国共产党的指导思想是＿＿＿、＿＿＿、＿＿＿和＿＿＿。

5. 党的十七大的主题是：高举中国特色社会主义伟大旗帜，以邓小平理论和"三个代表"重要思想为指导，深入贯彻落实＿＿＿，继续解放思想，坚持改革开放，推动科学发展，促进＿＿＿，为夺取全面建设小康社会新胜利而奋斗。

6. 党的领导主要是＿＿＿、＿＿＿和＿＿＿的领导。

7. 改革开放是党在新的时代条件下带领人民进行的新的伟大革命，目的就是要＿＿＿，实现国家现代化，让中国人民富裕起来，振兴伟大的中华民族。

8. 党的思想路线是＿＿＿＿＿＿，理论联系实际，实事求是，在实践中检验真理和发展真理。

9. 我们党的最大政治优势是密切联系群众，党执政后的最大危险是＿＿＿。

10. 共产党员应当发扬社会主义新风尚，带头实践＿＿＿，提倡共产主义道德，为了保护国家和人民的利益，在一切困难和危险的时刻挺身而出,英勇斗争,不怕牺牲。

11. ____是党的根本组织原则。

12. 加强民主基础上的集中,就是要坚持党章规定的"四个服从"的原则,即:____、____、____、____。

13. 党章规定,我们要坚持和完善人民代表大会制度、中国共产党领导的____、民族区域自治制度以及基层群众自治制度。

14. 除了____的个人利益和工作职权以外,所有共产党员都不得谋求任何私利和特权。

15. 党章规定,必须按照中国特色社会主义事业总体布局,全面推进____建设、____建设、____建设、____建设。

16. 发展党员坚持入党____,是由我们党的性质和宗旨所决定的。

17. 党章规定:年满____岁的中国工人、农民、军人、知识分子和其他社会阶层的先进分子,承认____,愿意参加党的一个组织并在其中积极工作、执行和按期____的,可以申请加入中国共产党。

18. 申请入党的人,要填写____,要有两名____做介绍人,要经过____通过和____批准,并且经过____的考察,才能成为正式党员。

19. 预备党员的义务同正式党员一样。预备党员的权利,除了没有____、____和____以外,也同正式党员一样。

20. 党的纪律处分有五种:____、____、____、____、____。

## 二、选择题(每题2分,共20分)

1. 中国共产党始终成为中国工人阶级的先锋队,与自觉成为中国人民和中华民族的先锋队,二者是____。

A. 统一的          B. 矛盾的

C. 对立的

2. 中国共产党的宗旨是____。

A. 全心全意为人民服务      B. 反腐败

C. 巩固党的执政地位

3. 发展党员工作,要____,保证质量,有领导、有计划地进行。

A. 多多益善　　　　　　　　B. 坚持标准

C. 实行关门主义

4. 预备党员在预备期间不履行党员义务,不具备党员条件的,应当____。

A. 取消预备党员资格　　　　B. 延长预备党员资格

C. 保留预备党员资格

5. 科学发展观,第一要义是发展,核心是以人为本,基本要求是____,根本方法是统筹兼顾。

A. 全面协调可持续　　　　　B. 生态平衡

C. 和谐发展

6. 预备党员的预备期为____。

A. 半年　　　　　　　　　　B. 一年

C. 二年

7. 党章第二条规定:"中国共产党党员是____的有共产主义觉悟的先锋战士。"

A. 农民阶级　　　　　　　　B. 工人阶级

C. 资产阶级

8. ____是争取入党的首要问题。

A. 端正入党动机　　　　　　B. 良好的态度

C. 年满十八岁

9. 党的最高理想和最终目标是____。

A. 实现共产主义　　　　　　B. 建设社会主义

C. 全面建设小康社会

10. 党员的党龄,从____之日算起。

A. 递交入党志愿书

B. 支部大会通过其为预备党员

C. 预备期满转为正式党员

三、**多项选择题**(每题 1.5 分,共 15 分)

1. 中国特色社会主义理论体系,就是包括____、____、____在内的科学理论体系。

A. "三个代表"重要思想　　　　B. 邓小平理论

C. 科学发展观等重要战略思想　　D. 毛泽东思想

2. 中国共产党领导全国各族人民,经过长期的反对____的革命斗争,取得了新民主主义革命的胜利。

A. 帝国主义　　　　　　　　　B. 殖民主义

C. 官僚资本主义　　　　　　　D. 封建主义

3. 党章规定,党的建设必须____。

A. 坚持党的基本路线

B. 坚持解放思想,实事求是,与时俱进

C. 坚持全心全意为人民服务

D. 坚持民主集中制

4. 党章规定,党的最高领导机关是____。

A. 中央政治局　　　　　　　　B. 中央书记处

C. 党的全国代表大会　　　　　D. 中央委员会

5. 党支部的"三会一课"制度的"三会"指的是____。

A. 党员大会　　　　　　　　　B. 党员代表大会

C. 支部委员会　　　　　　　　D. 党小组会

6. 党章规定,党员如果没有正当理由,____就被认为是自行脱党。

A. 连续六个月不参加党的组织生活

B. 或不交纳党费

C. 或不履行党员八项义务

D. 或不做党所分配的工作

7. 关于预备党员转正的说法正确的有____。

A. 只要预备党员的预备期满一年就可以转为正式党员

B. 预备党员在预备期间认真履行党员义务,具备党员条件的,应当按期转为正式党员

C. 预备党员转正必须经过支部大会讨论通过和上级党组织批准

D. 预备党员转正必须由本人提出转正申请

8. 申请入党必须具备的条件是＿＿＿。

A. 年满十八岁的中国工人、农民、军人、知识分子和其他社会阶层的先进分子

B. 承认党的纲领和章程

C. 愿意参加党的一个组织并在其中积极工作、执行党的决议和按时交纳党费

D. 必须是共产主义青年团员

9. 中国共产党党员的基本条件是＿＿＿。

A. 中国工人阶级的有共产主义觉悟的先锋战士

B. 必须全心全意为人民服务,不惜牺牲个人的一切,为实现共产主义奋斗终生

C. 必须经过党的支部大会讨论通过

D. 永远是劳动人民的普通一员

10. 从申请入党到成为一名共产党员必须经过的程序是＿＿＿。

A. 被确定为入党积极分子

B. 被确定为发展对象

C. 进行政治审查

D. 预备党员的转正


## 四、名词解释(每题5分,共20分)

1. 科学发展观


2. 党的指导思想

3. 党的组织制度

4. 党的基本路线

## 五、简答题(每题 5 分,共 15 分)

1. 党章在规定共产党员必须履行八项义务的同时,也具体规定了党员享有的八项权利,具体内容是什么?

2. 入党积极分子如何遵守党的纪律?

3. 要求入党的同志要履行哪些规定的入党手续?

## 六、论述题(共 20 分)

结合自己的认识谈谈为什么说为人民服务是我们党生存和发展的依据?

# 后　记

对青年加强党的基本知识教育是我们每一位党务工作者的天职。在大家的共同努力下,我们编写了这本手册。本手册力求主题鲜明,理论贯穿,事例翔实。一是注意突出针对性,主要面向农村青年,目的是要引导他们积极向中国共产党靠拢;二是努力把握规律性,增强实效性,尽可能全面阐述入党积极分子应知应会的有关问题;三是尽力着眼现在,着力村情,运用鲜活的人物和事例教育青年,让他们真切体会到党的先进性。

在全党热烈庆祝中国共产党成立九十周年之际,我们怀着对党的事业无比热爱的责任感,经过大家集体攻关,将本手册付印出版,在此表示衷心的感谢!

由于时间仓促,不足之处在所难免,欢迎同行和广大青年朋友批评指正,以使我们改进工作,进一步提高编写质量,真正使之成为入党积极分子和广大青年必备的一本好书。

编　者
2011 年 6 月